O QUE ESTÃO FALANDO SOBRE O LIVRO E O AUTOR:

"Uma jornada inspiradora e transformadora descrita em um guia prático e essencial para o empreendedorismo de sucesso! Com reflexões profundas, exemplos reais e dicas acionáveis, o autor Fábio nos presenteia com insights valiosos a cada página. Ao lê-lo, senti como se tivesse um mentor pessoal ao meu lado, compartilhando sabedoria e experiências enriquecedoras. Esta leitura é altamente recomendada para todos que desejam alcançar resultados tangíveis e elevar seu desempenho. Prepare-se para se surpreender e se inspirar!"

Agenor Leão, vice-presidente de Negócios da Natura Brasil

"*Mentor Empreendedor* é uma leitura essencial para quem deseja se tornar um empreendedor e um mentor de sucesso. Fábio conecta sua experiência pessoal como empreendedor e mentor a realidades de negócios de qualquer tamanho ou segmento, fornecendo insights valiosos sobre como transformar problemas em oportunidades, clientes em parceiros e equipes em comunidades de alta performance."

Fábio Milnitzky, CEO & Fundador da
IN Consultoria Estratégica

"Difícil ler o livro e não se enxergar em um ou mais momentos da carreira, passando por desafios e dilemas semelhantes aos que o Fábio viveu.

A generosidade com que compartilha seus erros, acertos e aprendizados faz a leitura prazerosa. Uma mistura rica de ciência e experiência."

Fábio Mota, vice-presidente de Tecnologia da Raízen

"Um legado baseado em valores, aprendizado e determinação. Assim é o livro de Fábio Câmara, líder e mentor que personifica o conceito 'walk the talk', de quem efetivamente faz o que diz no mundo corporativo. Sem privilégios familiares, Fábio trilhou seu caminho aproveitando oportunidades, aprendendo (e ensinando também) e ajudando novos profissionais. No livro, ele compartilha esse conhecimento de forma leve e bem-humorada, transmitindo a sabedoria adquirida ao longo de sua vida."

Fábio Villa, diretor de investimentos no setor de tecnologia do Itaú BBA

"Essa é uma história sobre crescimento. O livro relata o momento em que Fábio Câmara tem que escolher entre o lifestyle de empreendedor individual e transformar sua realidade em uma verdadeira empresa. Seu compromisso com o progresso é evidenciado na transição de um técnico de TI para um empreendedor e gestor de negócios, e para líder de pessoas em uma organização desenhada para atingir o máximo de seu potencial.

Mentor Empreendedor é uma poderosa fonte de inspiração e aprendizado. Fábio trocou os livros de programação pelos de gestão, evidenciando que as capacidades técnicas, embora importantes, são apenas uma peça do quebra-cabeças que é ser empreendedor. Buscou a ajuda de mentores em sua jornada e deu total importância a ter valores claros para a sua vida. Nesta obra, Fábio desvenda esses mistérios, compartilhando generosamente sua experiência e insights valiosos.

Temos um retrato autêntico do caminho árduo, mas incrivelmente recompensador, do empreendedorismo. Ele serve de lembrete de que a jornada do empreendedorismo, com todos os seus altos e baixos, é o que realmente importa. Se você pensa em trilhar seu próprio caminho, ou se deseja compreender melhor este mundo, *Mentor Empreendedor* é uma leitura essencial. Abrace as lições de Fábio Câmara e prepare-se para ser inspirado."

Manoel Lemos, Venture Capitalist no Itaú Unibanco e managing partner na Redpoint eventures

"Algumas palavras sobre o Fábio.

Entendeu que a luta que teve no início de sua carreira, as necessidades sofridas e a solidão dos passos necessários são benéficas à reflexão, que nosso progresso é individual, apesar de aprendermos em conjunto e em sociedade.

Tem aprendido com os fatos da vida que o caminho do aprendizado não tem fim, ele é constante, cíclico e nos exige esforço e velocidade de decisão, porém nos traz segurança e tranquilidade do trabalho bem-feito e organizado.

Apesar de ter transformado sua vida de programador em empresário, e crescido sua empresa de forma acelerada, de forma inédita e incrível, sentiu e visualizou que esse desenvolvimento não poderia ter sido só intelectual e científico. Ele teria que se esforçar em também se desenvolver moralmente como pessoa, equilibrando ou mesmo harmonizando sua vida profissional com a familiar e com os amigos.

Aos poucos descobriu que as vitórias são pessoais e intransferíveis, que suas lutas não são contra terceiros, e sim contra suas amarras, intransigências e imperfeições.

Tem tido um saldo bem positivo no acerto de suas decisões, tem assimilado que as culpas pelos erros empresariais são suas, tentado não fugir de suas responsabilidades como líder e CEO. Lidar com pessoas e escolher o melhor para o crescimento da sua empresa tem exigido dele maturidade nas escolhas, separando as antigas amizades e companheirismo de profissionais capazes de acompanhar o crescimento que a empresa exige.

Hoje o Fábio sabe que dificilmente conseguiria prever suas transformações pessoais e empresariais desses últimos anos, e, portanto, também não conseguirá vislumbrar seu futuro. Por isso, tem tomado consciência de que o importante é ele se capacitar e se organizar internamente cada vez mais, pois só tem controle sobre ele e os fatos acontecerão dentro de uma previsibilidade aleatório e imprevisível. Sempre vai depender de sua flexibilidade e tranquilidade para tomar as decisões mais acertadas, e que serão sempre suas e solitárias e moralmente dentro de sua realidade."

Newton Roriz, investidor e mentor

"Fábio, irreverentemente, nos mostra como a liderança, a gestão e o empreendedorismo devem estar muito bem conectados. Este livro não é apenas para ser lido, mas para ser estudado. Passagens práticas, baseadas na história dele, vão te encorajar a fazer mais. Imperdível!"

Pedro Chiamulera, CEO e fundador da ClearSale

" 'Esse problema não é meu. É seu.' Como pode uma frase, aparentemente, tão dura definir toda uma jornada empreendedora? Nesta obra, Fábio Câmara desvenda a dinâmica profunda da relação mentor-mentorado e a arte de administrar um negócio bem-sucedido. Este guia abrangente é habilmente elaborado por um visionário, que não apenas estabeleceu uma empresa florescente no Brasil, mas também cultivou uma cultura única que se tornou a pedra angular de seu sucesso. Construindo histórias a partir de fragmentos de relações humanas, ele ilumina o caminho para líderes e empreendedores aspirantes, oferecendo conselhos e estratégias para criar e nutrir um negócio próspero. Este livro serve não apenas como um testemunho de sua proeza empreendedora, mas também de seu compromisso em fomentar a próxima geração de líderes."

Vítor Ferreira, CEO Startup Leiria, Professor e Investigador Politécnico de Leiria, Portugal.

"Este livro retrata com fidelidade a essência do Fábio Câmara, um empreendedor que transcende a mera análise dos números. Fábio é um ser humano incrível, que nutre orgulho de sua jornada como programador, mas sem jamais se vangloriar por ter auxiliado grandes empresas a alcançarem o sucesso. Seu legado é evidente em diversos setores, como tecnologia, dados, varejo e outros. Portanto, essa obra é leitura indispensável para profissionais e empreendedores, que encontrarão inspiração na história de um líder eficaz e apaixonado pelo que faz, sempre preocupado com as pessoas e a construção de uma cultura corporativa duradoura."

Fabio Monteiro, Managing diretor partner do BTG Pactual

FÁBIO CÂMARA
CEO E FUNDADOR DO GRUPO FCAMARA

MENTOR EMPREENDEDOR

ENSINAMENTOS DE LIDERANÇA E GESTÃO INCOMUNS PARA VOCÊ APLICAR À SUA CARREIRA E NEGÓCIO

EV
PUBLICAÇÕES

Copyright © 2023 by Fábio Câmara

Todos os direitos reservados à EV Publicações, um selo da Eduardo Viegas Meirelles Villela ME. Nenhuma parte desta publicação poderá ser reproduzida por qualquer meio ou forma sem a prévia autorização da editora. A violação dos direitos autorais é crime estabelecido na lei n. 9.610/98 e punido pelo artigo 184 do Código Penal.

Coordenação editorial: *Eduardo Viegas Meirelles Villela*
Revisão de língua portuguesa: *Maria Heloisa Melo de Moraes*
Diagramação e projeto gráfico de miolo: *Marcelo da Paz*
Arte de capa: *Marcelo da Paz*
Foto de Capa: *Marcio Bruno*

Dados Internacionais de Catalogação na Publicação (CIP)
Bibliotecária Juliana Farias Motta CRB7/5880

C172m Câmara, Fábio

Mentor empreendedor: ensinamentos de liderança e gestão incomuns para você aplicar à sua carreira e negócio / Fábio Câmara. -- 1.ed. – São Paulo (SP): EV Publicações, 2023.

360 p.; 17 cm x 24 cm

ISBN: 978-65-87369-25-9

1. Empreendedorismo.2. Sucesso nos negócios.3. Empresários.4. Liderança.5. Estratégia.6. Administração I. Título: ensinamentos de liderança e gestão incomuns para você aplicar à sua carreira e negócio

CDD 658.11

Índice para catálogo sistemático:

1. Empreendedorismo
2. Sucesso nos negócios
3. Empresários
4. Liderança
5. Estratégia
6. Administração

Os pontos de vista desta obra são de responsabilidade de seu autor, não refletindo necessariamente a posição da EV Publicações e de sua equipe editorial.

Caso queira adquirir lotes de exemplares deste livro, favor entrar em contato via e-mail: eduardo@eduvillela.com . Ou pelo WhatsApp: (11)96851-1515.

Atendimento ao cliente: utilize, por gentileza, os mesmos contatos acima.

BASEADO NOS APRENDIZADOS **DO AUTOR,** QUE ABRIU UMA MICROEMPRESA DE SERVIÇOS NO QUARTO DE CASA E A TRANSFORMOU NUMA COMPANHIA INTERNACIONAL COM MAIS DE **1.500** PROFISSIONAIS

POR **FÁBIO CÂMARA**

DEDICATÓRIA

Dedico este livro a minha filha Bibica, por toda paciência e carinho com minhas ausências. Eu juro que estou fazendo o meu melhor para lhe proporcionar acesso a todo o conhecimento do mundo. Eu desejo muito que sua vida seja um morango.

AGRADECIMENTOS

Este livro começou quando aprendi a programar uma linguagem para computadores. Vou me esforçar para agradecer aqui a todos os meus professores e a todos os meus ex-sócios, sem eles e elas eu não teria conteúdo.

Sou feliz por ter aprendido com elese/ou por ter sido sócio do Hugo Novaes, Tito Livio, José Edvaldo Saraiva, Frank Fujisawa, Mauro Sant'Anna, Hamilton Baez, Marco Antonio Silva, Cristian Arrano, Rômulo Alves, Ana Banack, Fabiano Brito, Angela Generosa, Marden Meneses, Adriano Bertucci, Marcus Garcia, Emerson Facunte, Igor Leite, Leonardo Tolomeli, Daniel Maia, Rodrigo Carvalho, Rodrigo Paiva, Renê Lopes, Érico Azevedo, Thiago Lima, Bruce Ito, Igor Loria, Tiago Oliveira e Emerson Cardoso. Vocês foram muito importantes para mim.

Agradeço também aos meus "beta-readers" Rodrigo Martucci, Kleber Santos, Gabriela Montini, Newton Roriz, Glaucimara Baraldi e José Dornelas. Vocês foram sensacionais!

Agradeço aos meus consultores e professores de Ontopsicologia: Dra. Vera Rodegheri, Dra. Josiane Barbieri, Dr. Alécio Vidor e o Dr. Ângelo Accorsi. Sou muito feliz por cada puxão de orelhas que me deram ao longo destes anos. Muito obrigado mesmo!

PREFÁCIO

por José Dornelas*

Mentor empreendedor apresenta a visão de um empreendedor *selfmade* sobre liderança e os processos de construção de uma empresa, passo a passo, e na prática. O mais interessante da leitura deste livro, que cabe dizer é muito prazerosa, às vezes filosófica e, muitas vezes, provocativa, é perceber que cada história é única.

Em empreendedorismo isso fica ainda mais evidente. Não há receita de bolo, pelo contrário, há um jeito tácito único de se fazer o sonho sair do papel. Porém, quando há a vontade e a iniciativa de se compartilhar de maneira estruturada esse aprendizado, que passa a ser sistematizado, cria-se um guia extremamente útil para auxiliar novos e atuais empreendedores que anseiam escrever em breve suas próprias histórias de sucesso.

Essa é a síntese do livro escrito pelo meu amigo Fábio Câmara: um empreendedor que aprendeu desde cedo a se questionar e querer ir além. Aliás, esse sim é um quesito dentre algumas qualidades intrínsecas dos empreendedores que fazem acontecer e criam histórias admiráveis: visão de crescimento, ir além, quebrar paradigmas, deixar um legado...

Eu conheço o Fábio há alguns anos e, desde sempre, nossas interações, sejam falando de negócios ou da vida, sempre foram provocativas e reflexivas. Isso porque ousamos questionar as premissas preestabelecidas e que muitas vezes são tidas como regras imexíveis na vida e nos negócios.

A história que alicerça este livro, liderada pelo Fábio na construção do que é hoje a FCamara, é digna de leitura, pois traz aprendizado e inspira novos líderes que também anseiam mudar o mundo. É para este público que *Mentor empreendedor* mais pode trazer benefícios: os que anseiam mudar o mundo, sem pieguice ou mesmo ilusões. A síndrome de perdedor não cabe aqui neste livro. Pelo contrário, Fábio mostra que é possível, mesmo estando em um país em desenvolvimento, inovar e construir um negócio padrão mundial em um setor altamente competitivo e que demanda conhecimento acima da média.

Naturalmente, não basta contratar pessoas de alta capacidade se não soubermos liderar a equipe. E liderar, como o Fábio mostra em sua visão particular sobre o tema, trata de inspirar todos do time a seguir com você em busca de grandes resultados. Mas por que isso? Por que crescer, acumular resultados e tornar-se um gigante no seu setor? Por que não ficar mais estável e "aparentemente" com menos estresse?

Logo no início do livro, Fábio trata dos estilos ou tipos de negócios que podem ser criados e geridos por empreendedores e acerta ao mostrar que o negócio estilo de vida, que muitas pessoas imaginam proporcionar menos risco e sofrer menos turbulências, na verdade é um dos que mais correm riscos de deixar de existir rapidamente. Isso ocorre porque tais negócios alicerçam-se sobre uma linha tênue e frágil que não traz estabilidade e ainda demanda necessidade de renovação, fôlego contínuo, investimento, equipe..., ou seja, os empreendedores à frente desses negócios muitas vezes tornam-se reféns de sua própria criação.

Negócios de tecnologia, que têm a inovação como um mantra, não podem ser apenas negócios estilo de vida, por mais que o empreendedor detenha muito conhecimento diferenciado. Em pouco tempo, novas tecnologias surgirão e você pode simplesmente estar fora do mercado sem perceber. Por isso, nesses casos, a liderança empreendedora, com visão de construção de algo de longo prazo calcado em alicerces sólidos, valores e crenças imutáveis, pode ter mais chances de sucesso.

Assim, *Mentor empreendedor* apresenta uma perspectiva diferenciada e muito replicável àqueles que anseiam criar uma história empreendedora de sucesso no mundo da inovação e tecnologia. Empreendedores que atuam em setores menos inovadores também podem se beneficiar do aprendizado aqui proporcionado. Quem sabe isso também não servirá de questionamento sobre seus negócios.

Os empreendedores muitas vezes se iludem imaginando que os negócios que criaram continuarão a ser uma extensão deles mesmos. A cultura da empresa é forjada a partir da visão do dono, dos primeiros funcionários e dos sócios que vão adquirindo este título por mérito. Mas com o passar dos anos, quando o empreendedor se dá conta, a empresa, com centenas de funcionários - a maioria dos quais ele provavelmente já não sabe o nome -, começa a tomar um corpo próprio, vida própria, e há muitos cérebros pensando para onde ir.

É aí que o *Mentor empreendedor* mais precisa estar presente: para preservar a cultura e fazer com que o negócio continue crescendo de maneira sólida. Não é tarefa fácil, mas o empreendedor líder sabe que cuidar das pessoas, contar com as pessoas, e fazê-las parte de algo maior é o grande desafio.

Muitos empreendedores acabam se afastando do dia a dia do negócio nesta fase e mal conhecem os dilemas críticos da maioria dos seus funcionários. A chamada profissionalização da gestão começa a acontecer e, aos poucos, a identidade da empresa deixa de ser a mesma.

Aos que anseiam construir coisas grandiosas, não aceitando o não ousar e a mesmice, a leitura de *Mentor empreendedor* é algo mandatório, pois traz um alerta que talvez mude sua maneira de agir e pensar à frente do seu negócio: o momento de deixar de ser apenas o empreendedor criador de algo inovador, e passar a ser o líder empreendedor visionário que conhece gente e sabe ler as pessoas, seus anseios e seus desejos.

Muitos dos grandes líderes empreendedores sabem disso empiricamente. Mas como cada vez mais líderes empreendedores visionários são necessários para mudarmos o mundo, inspirar-se em um guia genuíno escrito por um líder que hoje sabe que é um modelo de referência para outros empreendedores em potencial ou aos que já se encontram à frente dos seus negócios traz o privilégio de antecipar desafios e conhecer possíveis soluções para lidar com as barreiras que enfrentarão.

Se você quer liderar em um mundo cada vez mais líquido, onde é difícil criar cenários para escolher o melhor caminho a seguir; se você quer ter a inovação como mantra em sua empresa; se você anseia ter uma cultura sólida em sua empresa e de fato sendo o alicerce do seu negócio; se você busca a longevidade do seu negócio em uma época de efemeridade acelerada..., a leitura de *Mentor empreendedor* é um pré-requisito para auxiliá-lo nessa jornada.

***José Dornelas** é autor de 29 livros de empreendedorismo, fundador e presidente do Instituto Fazendo Acontecer (IFA).

SUMÁRIO

INTRODUÇÃO **28**

CAPÍTULO 1
DE TÉCNICO A EMPREENDEDOR E MENTOR:
TUDO É APRENDIZADO **32**

Transferência de problemas 34
Consultor, life style business ou grande empresa? 37
Explodindo pontes e mudando livros 41
Analisando os clientes. 43
Nasce um mentor de pessoas 47

CAPÍTULO 2
O CUBO MÁGICO **54**

A peça de única face 57
A peça de duas faces 58
A peça de três faces. 61
Pessoas certas. 64

CAPÍTULO 3
LER EM ANTECIPAÇÃO COMO NUMA PARTIDA DE XADREZ . . . **68**

As peças do xadrez: seu time 75
Alguns instrumentos de leitura. 77
Ordem de genitura 83

CAPÍTULO 4
AS 4 CARACTERÍSTICAS DO LÍDER DE NEGÓCIOS VENCEDORES . . 86

Competência 89

Competitividade 92

Relação otimal 94

Estilo de vida 96

Privilégio de informação antecipada e privilégio de relação . . 99

CAPÍTULO 5
AS 4 FASES NA RELAÇÃO COM A EMPRESA 104

A "Grande mãe" 106

A "Pessoa-hora" 111

A "Pessoa-comercial" 113

A "Pessoa core business" 116

A diferença entre as fases 118

Somos protagonistas das nossas histórias 123

Alertas sobre perigos 127

CAPÍTULO 6
AS 4 FASES DA AUTONOMIA PARA SE TORNAR UM PROFISSIONAL, EMPREENDEDOR OU LÍDER ÓTIMO 130

Base econômica 133

Autonomia de sustentação 138

Autonomia de ação 141

Autonomia de criatividade 146

A Autonomia de liberdade 148

Os desperdícios 150

CAPÍTULO 7
QUAIS VALORES VOCÊ QUER PARA SI E PARA SUA EMPRESA? . . 154

    O ser humano 157

    O valor do aqui e agora 160

    O mantra (os valores) 3M & 3C. 163

    O meu valor e o valor que me falta 165

CAPÍTULO 8
A MUDANÇA DE SI 168

    O Processo de mudança 173

    Seja protagonista. 178

    Pensamentos expostos sobre o erro 182

CAPÍTULO 9
LIDERANDO O TIME 188

    A natureza das relações 193

    O comportamento como balizador de sua relação com o time 198

    O que eu espero do meu time 204

    O caminho para a fidelização de talentos 207

CAPÍTULO 10
A PESSOA LÍDER 210

    Os 5 Níveis de liderança 216

    O papel do Chief Meaning Officer (CMO) 220

CAPÍTULO 11
PARA LIDAR COM A TRANSIÇÃO DE SÓCIOS 224

Movimentos lentos de um jogo de xadrez 230

CAPÍTULO 12
PLANEJAMENTO E EXECUÇÃO PARA EMPREENDEDORES . . .234

Pensar sobre o que não se deve fazer 239

Satisfação, vícios corporativos, comunicação e feedback . . 242

Erros. 247

CAPÍTULO 13
INOVAÇÃO: UM COMPROMISSO COM O MINDSET DE "SIM A PRIORI". 252

Faça mais perguntas 256

Inovação versus correção de ineficiência 260

Reinvenção na prática 262

CAPÍTULO 14
QUANDO UM CLIENTE TRAZ OUTRO CLIENTE 266

Deseja crescer? Fuja do mindset do Life Style Business . . 273

Transforme dados em conhecimento 275

CAPÍTULO 15
O EMPREENDEDOR QUE APRENDE E DESENVOLVE-SE CONTINUAMENTE. 278

Um reboot no meio do dia 283

What, why, how?. 287

CAPÍTULO 16
O VALOR EXTRAORDINÁRIO DA MENTORIA **292**

Escolha com base nos princípios dele e no seu propósito . . 299

A benção do feedback 301

Os meus mentores 304

Todos são mentores, é a sua função 308

CAPÍTULO 17
A INTELIGÊNCIA DO DINHEIRO **312**

Dinheiro é liberdade e autonomia 316

O espírito por trás da pobreza 319

CAPÍTULO 18
DE EMPREENDEDOR A EMPRESÁRIO **324**

A virada do empreendedor 329

Da casa ao carro turbinado 332

CAPÍTULO 19
O INCONSCIENTE DA EMPRESA **336**

Mundo interconectado 341

Saber servir 346

A dor do crescimento 349

Transparência e divergência 353

PALAVRAS FINAIS **356**

INTRODUÇÃO

Estou tentando responder à pergunta do porquê de mais um livro sobre empreendedorismo. Há tantos, tantos foram úteis para mim! Mas afinal, qual é o meu porquê de querer escrever mais um livro sobre empreendedorismo baseado em minha história e na dos meus negócios?

Primeiro, eu sempre quero conhecer as histórias de empreendedores, porque são histórias solitárias, com seus sofrimentos, momentos de coragem, de superação, de gigantesca resiliência e com tantos ensinamentos práticos únicos. Em minha opinião, nenhum curso renomado de MBA consegue ser tão eficiente em apresentar de forma simples e objetiva estes ensinamentos e experiências úteis.

Em segundo lugar, eu acredito que, apesar de diversos estudos de caso válidos e de sucesso, de tantos professores e consultores, existe um conhecimento inconsciente precioso naqueles que trilharam o caminho, um conhecimento que não é tão compartilhado, já que, no Brasil, temos poucos livros escritos por empreendedores.

Esse conhecimento não é uma espécie de receita óbvia ou trivial, que ensinará passo a passo o caminho da realização profissional ou empreendedora. Na verdade, não é nem exatamente uma fórmula padronizada para se liderar bem negócios, porque somos únicos e o caminho é sempre pessoal e intransferível. Esse conhecimento nos ajuda a compreender a causa e o efeito de um fato que acontece na nossa jornada, nos proporciona melhores condições de prever e controlar os resultados e, assim, lidar melhor com o mundo ao nosso redor.

A reflexão que quero causar em você vai além de reconhecer seu potencial ou o propósito profissional. Quero que você reflita de formas diferentes, às vezes mais intrínsecas, outras mais explícitas, sobre a singularidade que vivemos, e entenda ao máximo que "nada é por acaso". Ao final do livro, eu espero que você possa se autorresponsabilizar por fundamentar a causa de todas as coisas em volta de você, e que isso lhe reforce a importância do autoconhecimento.

Eu não conquistei ainda muita coisa e nem sei ao certo quantas quero conquistar, porque minha vida não é uma meta, não tem uma linha de chegada, é apenas uma jornada na qual eu desejo todos os dias ser um pouco mais do que fui no dia anterior. É uma comparação diária minha comigo mesmo, se estou conquistando mais do que ontem. E pensando assim, até o momento da edição deste livro, eu sou sócio-fundador de um grupo de 5 empresas, com filiais na Inglaterra, Portugal e México, e com mais de 1500 profissionais que se somam a este projeto — nossos sangue-laranjas (como carinhosamente nos identificamos dentro do grupo).

Tão importante quanto o dinheiro que se pode conquistar, para mim é relevante o como eu estou na relação com minha família, com todos que me ajudam na minha jornada empresarial, com nossos clientes e, prioritariamente, como anda minha saúde e minha percepção de felicidade. Por isso afirmo: o autoconhecimento é o meu investimento cotidiano, é o princípio para a relação com todas as outras coisas como o dinheiro, as relações afetivas, as relações profissionais e a sociedade.

Por fim, eu tenho uma expectativa prepotente com esta obra. Eu quero que você ame este livro, coloque-o em um local ao lado da sua cabeceira; que ele seja útil para despertar seu potencial. Ou, da mesma forma, que você deteste o conteúdo, julgue-o como inútil e jogue o livro numa estante na qual não será mais folheado por ninguém. Porém, eu terei falhado se o livro não lhe provocar nada, passar indiferente pela sua vida e pela sua história.

Embora possa parecer uma frase comum, gostaria de expressar meu profundo desejo de que esta leitura seja enriquecedora para você, pois ser capaz de contribuir positivamente para a vida de outra pessoa é uma das maiores gratificações que podemos experimentar.

CAPÍTULO 1

DE TÉCNICO A EMPREENDEDOR E MENTOR: TUDO É APRENDIZADO

"Deixe-me ver se esse problema é meu. Não, esse problema não é meu, Fábio. Esse problema é seu". A FCamara tinha pouco mais de dois anos no mercado e eu tentando achar divertido minha empresa ter sido expulsa do quarto da minha casa porque minha filha tinha acabado de nascer. Sem eu ter a exata consciência, eu estava diante de uma decisão que mudaria definitivamente tudo: seguir uma trajetória como consultor independente de TI ou assumir a responsabilidade de agir como empreendedor e líder de pessoas. A resposta vocês provavelmente devem imaginar e é o que justifica este livro.

A história dessa transição, que eu nem tinha a menor ideia de que seria somente a primeira de muitas, não aconteceu do dia para a noite. Durante tudo isso, passei por crises, tive dúvidas, vivi incontáveis experiências, algumas boas e outras bem assustadoras, das quais busquei aprender alguma coisa, porque sempre há um aprendizado em qualquer acontecimento.

TRANSFERÊNCIA DE PROBLEMAS

Era agosto de 2010 e a FCamara estava bem no início de sua existência. Normalmente, como toda empresa iniciante, não considerávamos relevante qualquer assunto relacionadoagovernança e administração. Como sócio-gestor eu tinha a função de gerenciar a execução dos projetos da empresa, cuidar do financeiro e do RH. Por outro lado, continuava atuando na linha de frente como especialista em tecnologia, empregando boa parte das minhas horas de trabalho nas entregas aos clientes. A FCamara era o que se costuma chamar conceitualmente de *eupresa*.

Uma oportunidade então bateu à nossa porta: assessorar uma gigante estrangeira do varejo na implantação da plataforma de *e-commerce* que eles desejavam colocar no ar ainda naquele ano. O desafio era grande, pois, apesar de ser um nome de peso no mercado norte-americano, eles não tinham uma presença significativa no Brasil e ainda confrontariam concorrentes que, na época, eram os maiores players locais de *e-commerce*. Meu time e eu viramos noites para entregar o projeto conforme contratado pelo cliente.

Em dezembro, com a operação já estabelecida e tendo cumprido as metas projetadas de vendas, o vice-presidente de tecnologia daquela organização me procurou. Disse que estava satisfeito com os resultados alcançados até ali pela nossa equipe, entretanto desejava avançar para se tornar o melhor portal de *e-commerce* do Brasil. Sua requisição era pela renovação do nosso contrato para o próximo ano com o incremento do time para 45 profissionais no total.

Estávamos na segunda semana de dezembro e eu teria até o início de janeiro de 2011 para praticamente dobrar o nosso quadro de funcionários. Nessa época, a empresa inteira, contando comigo, totalizava 25. Não, não seria possível, eu imaginei através dos meus receios. Expliquei ao VP sobre a impossibilidade de a minha empresa, naquele momento, entregar no prazo o que eles nos pediam.

Diante daquela minha postura despreparada, com paciência e cuidado nas palavras, ele me deu uma das maiores oportunidades de aprendizado da minha vida profissional. Disse-me ele:

— Fábio, você leva muito jeito no que faz. Você é um excelente consultor técnico e tem talento para ser um grande empreendedor. Sua empresa vai crescer e se tornar grande, desde que você entenda algo muito importante que vou te explicar agora.

Peguei um papel e caneta para anotar o que ele ia me dizer. Para o meu total espanto, ele somente me disse a frase que coloquei no início deste capítulo:

— Deixe-me ver se esse problema é meu. Não, esse problema não é meu Fábio. Esse problema é seu.

Dito isso, conversamos mais um pouco, ele virou as costas e foi embora. Naquela hora, eu me envergonhei da minha ingenuidade e falta de maturidade empresarial, mas conseguir entender a crucial lição empreendedora: que eu nunca mais deveria transferir para o meu cliente um problema que é meu, não é dele. Minha função como empreendedor deve ser buscar soluções; é para isso que sou contratado. Quando a minha ficha caiu, corri para selecionar e contratar novos profissionais, montei um grupo inicial para atender esse grande varejista — ainda que já prevendo que, poucos meses depois, teria que trocar pelo menos metade das pessoas até chegar a uma formação ideal de time.

Essa foi uma das lições mais importantes que tive no começo da minha jornada empreendedora e que carrego comigo até hoje.

Certamente todas as pessoas que trabalham comigo já ouviram essa história. A lição me ensinou que posso até conversar com meu cliente sobre as minhas dificuldades para cumprir determinados objetivos, mas a responsabilidade de encontrar soluções será sempre minha. Esta é a essência do "saber servir" que todo empreendedor deve compreender.

Todo cliente deve confiar que a minha equipe e eu seremos capazes de entregar os serviços que nos foram confiados, e sou eu, como líder máximo da nossa empresa, o maior responsável por esta construção de relação de confiança com o contratante.

Se determinado cliente, em algum momento, perder totalmente a crença na nossa capacidade de entrega, o melhor caminho é passar o bastão para outro fornecedor com muito profissionalismo, assumindo, inclusive, perdas financeiras, se for o caso. Ao insistir numa situação em que não há confiança entre as partes, corremos o risco de transformar nosso cliente em um algoz detrator da nossa marca, criando prejuízos ainda maiores.

Sobre esta nossa forma de pensar e acreditar na cumplicidade necessária para a construção de um projeto de sucesso entre contratante e contratada, costumo afirmar que muito pior do que estar num projeto ruim é estar indisponível para um projeto bom.

CONSULTOR, LIFE STYLE BUSINESS **OU GRANDE EMPRESA?**

A experiência que acabei de contar abriu meus horizontes sobre muitas outras questões. Como todo negócio em fase inicial, eu estava em crise existencial sobre o que eu queria como empresa. Afinal, em que eu deveria dedicar o meu tempo e investir minhas energias?

Quando iniciei os trabalhos no meu próprio CNPJ, no momento "eupresa", eu era um consultor independente. Quando vivenciei essa experiência citada anteriormente, eu geria um *life style business* e as oportunidades ou exigências — depende do ponto de vista com que queremos avaliar a realidade — colocadas por este cliente me responsabilizaram por formalizar para mim mesmo e para todos uma escolha nova.

Havia uma confusão dentro de mim: se eu deveria participar dos projetos pelo lado de dentro, atuando tecnicamente e limitando minha capacidade de escalar, ou me dedicar a organizar e liderar pessoas qualificadas para conduzir o trabalho. Eu pressentia que esclarecer essa resposta traria clareza sobretudo para o futuro da FCamara, porque o modo como eu me comportasse determinaria as características de como as equipes se comportariam. Ainda hoje, a forma como eu me comporto determina as características de como as equipes vão se comportar.

Eu tinha, portanto, que tomar uma decisão entre três opções possíveis. A primeira seria continuar como consultor de tecnologia, em que eu já era bem-sucedido, pois tratava-se de algo que eu sabia e gostava de fazer. Tinha uma rotina organizada e mesmo não tendo muitas regalias como, por exemplo, férias remuneradas, nada me faltava.

A segunda alternativa seria conduzir minha gestão para uma espécie de *life style business* e me tornar um tipo de empreendedor cujo principal objetivo não é crescer continuamente. Este perfil não está disposto a lidar com grandes riscos e desafios. O estilo de gestão, nesse caso, é manter a estabilidade, tocando uma empresa que fature uns poucos milhões por ano. Os empreendedores que escolhem esse modelo de gestão costumam preferencialmente trabalhar com os clientes e os profissionais que gostam de ter próximos, com muita pessoalidade e parceria entre todos os participantes.

Já a terceira alternativa era a mais arrepiante das opções: um estilo de gestão orientado ao crescimento contínuo. Esta opção exigiria de mim requisitos desconhecidos, situações de riscos maiores e a melhor administração dos meus medos, assim como assumir uma postura executiva, gerenciando negócios e pessoas. Sem dúvida, também, a mais recompensadora em todos os aspectos.

Estar diante dessas opções me colocou num gostoso estado de crise existencial. Porque até então, nas duas primeiras opções, eu me divertia trabalhando como um consultor técnico. Virava noites em claro, dedicava várias horas do meu trabalho aos projetos, fazia experimentações e testes em sistemas.

Como *life style business* eu tinha certeza sobre o fato de que a questão financeira não seria motivo de preocupação. Com o que eu iria receber, eu pagaria as contas, viajaria todo ano, trocaria de carro a cada dois, ou seja, teria uma vida confortável.

A resposta, no entanto, não demorou a ficar clara dentro de mim. Eu sabia que tinha chegado ao limite da minha zona de conforto. Se eu desejasse continuar progredindo como profissional e ser social, precisaria me reinventar — e consequentemente correr o risco por isso. A saída desse estado de acomodação só aconteceria se eu decidisse me desenvolver como pessoa e gestor de negócios. Só assim eu provocaria a FCamara a criar novos caminhos para o seu crescimento.

Não vejo como um *CEO* ou presidente de uma empresa e sua equipe podem se tornar melhores sem confrontar o *status quo*, sem enfrentar suas maneiras de pensar fixas, criando novas. Não havia mais, portanto, como fugir da transformação de técnico de TI para empreendedor e gestor de negócios; de fundador de uma *eupresa* para líder de pessoas de uma organização com governança estruturada e amplo potencial de crescimento.

A partir dali, responsabilizei-me por ser o profissional mais organizado dentro da companhia, para assim conduzir os times ao encontro dos seus melhores resultados. Criei então o mantra — que disseminei por toda a empresa e nos acompanha até hoje: "O mais organizado organiza o menos organizado". Isso quer dizer, em outras palavras, que o trabalho dos profissionais da companhia vai ser implementado de forma cada vez mais previsível, conduzido por uma liderança próxima e atuante, embasado nas adequadas metodologias de gestão e tecnologias.

"O MAIS ORGANIZADO ORGANIZA O MENOS ORGANIZADO."

EXPLODINDO PONTES E MUDANDO LIVROS

No meu mercado de atuação, a prática, em geral, segue o mesmo padrão: à medida que você amadurece na atividade técnica, acaba sendo transferido para áreas administrativas e perde o cotidiano contato com a tecnologia propriamente dita. Se você desponta como um bom programador, por exemplo, logo o transformam em coordenador de projetos. Quando isso aconteceu comigo, eu me perguntava: "Estão me *promovendo* por ser um bom programador e agora não sou responsabilizado primariamente por programar?"

Na época da minha transição de consultor técnico a gestor de negócios da FCamara, resolvi me comprometer seriamente por essa passagem profissional. A minha primeira iniciativa foi trocar os livros que estavam na minha cabeceira: eu precisava abandonar definitivamente as leituras sobre programação, tema pelo qual sempre sou apaixonado, para títulos sobre gestão e liderança. Foi um movimento radical, porém eu sabia que deveria explodir esta ponte após cruzá-la. Manter os livros técnicos na minha mesa de trabalho seria como uma fuga, uma alternativa para o caso de a minha mudança de carreira falhar. Ao trocar os livros, eu estabeleci o meu novo caminho a seguir e não queria mais a opção de voltar atrás no caso de eu falhar.

Lembro de uma primeira experiência marcante. Eu comprei o livro *O monge e o executivo*, de James C. Hunter[1], um clássico nas prateleiras dos mais vendidos sobre gestão e negócios, e odiei o conteúdo do início ao fim. A história me pareceu um grande enredo de novela mexicana. Contudo, resolvi insistir; decidi ler a história mais uma vez, até entender por que aquilo fazia sentido para tanta gente no mundo corporativo.

---

1   HUNTER, James. **O monge e o executivo:** uma história sobre a essência da liderança. Rio de Janeiro: Sextante, 2004.

Dos livros, estudando como autodidata, avancei para cursos rápidos e posteriormente um MBA. E, após me sentir com as melhores perguntas, passei a contratar mentores experientes em gestão de negócios e liderança de pessoas. Essa busca por conhecimento é algo que explico aos meus mentorados e fez — e faz — toda a diferença na mudança de oportunidades proporcionadas ao grupo FCamara.

No entanto, a construção do entendimento sobre minhas novas responsabilidades na empresa e a habilidade de lidar com elas vieram com a prática; vieram com o aprendizado diante das dificuldades, dos projetos bons e dos ruins, sem qualquer romantização sobre isso.

Em variadas ocasiões, sofri para tomar decisões, chorei por injustiças, tentei entender onde havia errado. Demorei para compreender que ter problemas no dia a dia dos negócios é a regra do jogo; não há como fugir. Nessas horas, você aprende com o sofrimento, toma uma taça de vinho para tentar enganar o estresse e dorme. No dia seguinte, aproveita a oportunidade para exercer a própria inteligência, vai atrás das novas perguntas e parte para a resolução.

Também as críticas e os feedbacks de clientes, mentores e consultores sempre são valiosíssimos para o meu aprendizado. Os erros e os problemas, apesar do desconforto emocional que tantas vezes me causam, são oportunidades de reflexão e aprendizado.

Nesta jornada não existe uma linha de chegada; é o caminho que importa. Ainda que, em alguns momentos, eu precise dar alguns passos para trás, estou sempre objetivando os passos para frente. E, embora hoje eu já tenha conquistado uma condição material privilegiada que me permite parar de trabalhar, sigo apaixonado pelo que faço e quero continuar gerenciando uma companhia cujo trabalho facilite a vida de pessoas e de outras empresas por meio da tecnologia. Eu quero, sobretudo, permanecer construindo, estudando, aprendendo, praticando e depois ensinando o que aprendi.

ANALISANDO OS CLIENTES

Tenho uma curiosidade aguçada na observação atenta de como as pessoas se relacionam, negociam entre si seus interesses e chegam a um consenso ou não em diferentes situações do dia a dia. Quando me interessei por estudar psicologia, busquei ter alguns instrumentos que me proporcionassem a capacidade de ler pessoas, entender suas aspirações e intenções, e compreender o que está por trás de seus comportamentos. Isto contribuiu muito para a minha transição de técnico de TI para gestor de negócios e líder de pessoas.

Nós, programadores de tecnologia, em geral, somos vaidosos — e até um pouco narcisistas: nosso código é o melhor; nossas soluções, as mais eficientes. No papel de consultor, é preciso entender essa dinâmica quando você entra em uma organização para apontar falhas existentes nos processos de TI. Porque, a priori, você vai ser recebido com resistência ou como concorrente do time de tecnologia interno. O clima inicial é tenso e fazer um exercício de empatia torna-se a diferença entre iniciar ou nem ser contratado para.

Lembro-me de um episódio vivido em 2008. Éramos uma empresa ainda muito pequena, dando os primeiros passos no mercado, quando chegamos em uma grande organização de logística para avaliar e corrigir erros. Meu então sócio e melhor técnico do nosso grupo detectou imediatamente uma falha na transmissão de dados, pois os arquivos envolvidos eram pesados demais para um modelo já ultrapassado de transferência.

Sem cuidado enquanto empreendedor para lidar com algo que lhe parecia óbvio, ele perguntou o que não deveria: quem era o responsável por uma falta tão primária? A resposta estava na nossa frente: o diretor de tecnologia que nos havia contratado.

Por mais que eu tentasse reverter o comentário, o estrago já estava feito. Imaginei que não avançaríamos na parceria. Para minha surpresa, o cliente firmou o trato, desde, entretanto, que meu sócio nunca mais pusesse os pés lá novamente.

A lição que tirei disso: ao prestar um serviço, você deve ter em mente que, do outro lado, existe uma condição de fragilidade; existe alguém com um problema a ser resolvido, que não quer ficar exposto e que escolheu você para trazer a solução. Seu papel é acolher a dor desse cliente e ser a luz no túnel. Se, por qualquer razão, você não levar isso em conta na relação, o negócio não se concretizará.

Um aspecto de análise fundamental que avalio quando eu estou diante de uma oportunidade em potencial é definir em qual dos três cenários abaixo este possível novo cliente se encontra. Estes cenários se aplicam perfeitamente em uma consultoria de tecnologia da informação, contudo, pode ser funcional em outros contextos.

1. O time interno acredita que sabe fazer o serviço para o qual me procuraram e acredita que tem tempo hábil para isso, embora nem sempre isso seja verdade; ainda não implementaram porque não foi uma prioridade;

2. O time interno acha que pode resolver o problema, porém não pode priorizar a questão no momento e, por isso, tem consciência de que precisa de ajuda externa;

3. O time interno reconhece que não sabe solucionar o problema.

Cada uma das alternativas acima culmina em um desfecho diferente em relação à possibilidade de um contrato. Na situação 1, é pouco provável que eles contratem o meu serviço, ou seja, trata-se de uma oportunidade com pouca chance de efetivação. Para eles, a minha proposta sempre parecerá cara demais. É o tipo de *prospect* em que não vale a pena perder tempo.

No cenário 2, há uma certa consciência do cliente sobre a própria limitação e o reconhecimento de que não chegará a um resultado positivo sem a minha ajuda. Nesse caso, a minha chance de ter a proposta de prestação de serviço aprovada aumenta para 50%. Já a situação 3 é a mais certa de todas e a probabilidade de ser contratado é elevada: o cliente entende que precisa de alguém para resolver seu problema e está disposto a pagar por isso.

Sem muito medo de errar, aposto que esse esquema vale para qualquer tipo de prestação de serviços: de consultor a arquiteto, de advogado a jardineiro. Entender a importância da natureza da relação com a outra parte, no nosso caso aqui possíveis clientes, poupa tempo e direciona esforços. Foi mais um dos tijolinhos que coloquei na construção da FCamara e na minha trajetória como empreendedor.

Moral da história: quanto maior seu conhecimento sobre o seu provável novo cliente, o percentual de probabilidade de sucesso na aprovação da proposta é proporcional. O desfecho não é um jogo de azar, assim como o jogo de pôquer não o é, você pode usar a estatística das cartas reveladas e a leitura do indivíduo do outro lado da mesa.

MORAL DA HISTÓRIA: QUANTO MAIOR SEU CONHECIMENTO SOBRE O SEU PROVÁVEL NOVO CLIENTE, O PERCENTUAL DE PROBABILIDADE DE SUCESSO NA APROVAÇÃO DA PROPOSTA É PROPORCIONAL. O DESFECHO NÃO É UM JOGO DE AZAR, ASSIM COMO O JOGO DE PÔQUER NÃO O É, VOCÊ PODE USAR A ESTATÍSTICA DAS CARTAS REVELADAS E A LEITURA DO INDIVÍDUO DO OUTRO LADO DA MESA.

NASCE UM MENTOR DE PESSOAS

Um dos maiores desafios que enfrentei na transição para o papel de empreendedor e líder de pessoas foi também o que me levou a me tornar o mentor estampado no título deste livro. Tal caminho começou a ser percorrido alguns anos atrás, quando percebi que faltavam profissionais formados no segmento de TI. Além da dificuldade de achar gente preparada disponível no mercado, muitos daqueles que se destacavam em seus empregos fatalmente desistiam de ser funcionários e abriam seus próprios negócios, aumentando ainda mais esse *gap* de capital intelectual.

Tal movimento transformou o nosso mercado em uma espécie de jogo de rouba-montes: as empresas passaram a assediar os profissionais umas das outras, oferecendo benefícios diversos e salários mais altos. A pressão, obviamente, também chegou à FCamara — o que me lançou em uma experimentação curiosa para entender como criar vínculos sólidos o suficiente com nossos consultores, de modo a convencê-los a não trocar de "barco" quando fossem procurados por outras organizações.

Em um primeiro momento, eu apostei no viés da pessoalidade. Minha estratégia era ficar o mais próximo possível dos profissionais, de modo a desenvolver neles um sentimento de fidelização a mim e à nossa empresa. Foi assim que eu me tornei amigo de muitas pessoas do meu time, apostando nessa relação como elemento fundamental para manter na companhia os talentos mais promissores.

Por um determinado tempo essa prática funcionou e eu consegui reverter diversas tentativas de outras empresas de assediarem nossos funcionários com mais vantagens financeiras e benefícios — em geral, as propostas de até no máximo 25% de aumento na remuneração; mais do que isso, era impossível segurar o profissional somente à base da pessoalidade e visão de crescimento futuro.

Entretanto, não demorou para que eu entendesse que essa estratégia criava vícios perigosos para a organização, pois à medida que eu exercia a pessoalidade com determinado profissional, este acabava mergulhando numa zona de conforto por confiar que somente nossa relação bastaria para mantê-lo no cargo. Além disso, essa confiança exacerbada fazia com que essas pessoas se colocassem como uma barreira entre mim e outros possíveis técnicos competentes da nossa companhia. Era quase como um *firewall* me impedindo de ter uma visão clara e crítica de sucessão e continuidade dentro da empresa.

Fiz essa descoberta durante um *workshop* dirigido para liderança e gestão de negócios. Um dos facilitadores propôs a seguinte reflexão: escrever os nomes dos principais líderes da minha empresa e dizer quais eram suas atividades. Automaticamente, dois gestores do time me vieram à mente. Para minha surpresa, porém, eu não consegui responder qual era a função exata deles na FCamara. Ambos faziam de tudo um pouco — e quem faz de tudo um pouco provavelmente não faz nada de muito valioso.

Antes de contar o desfecho dessa história, sugiro a você, leitor, administrador de uma pequena, média ou até grande empresa, que repita esse exercício: de tempos em tempos, selecione aleatoriamente duas ou três pessoas com quem trabalha e detalhe suas atividades profissionais. Aposto que, como eu, você também vai se surpreender com o resultado dessas reflexões.

Voltando à minha experiência no workshop, lembro que a revelação me provocou um profundo desconforto, pois eram pessoas que eu considerava muito próximas e que estavam comigo há bastante tempo; técnicos cujas entregas de qualidade haviam ficado pelo meio do caminho. Foi difícil entender que elas já não cumpriam seu principal papel no negócio e isso provavelmente abriria a porteira para muitos outros problemas causados pela pessoalidade que eu mesmo havia gerado.

Eu precisaria, portanto, tomar a mais difícil decisão de um empreendedor. E o fiz: demiti os dois e decidi que não investiria mais naquele tipo de estratégia, pois ficou claro que o vínculo por pessoalidade dentro de um ambiente corporativo quase sempre vai evoluir para a perda da função esperada dentro da companhia — e, consequentemente,perda de crescimento e outros prejuízos.

Não foi fácil descontruir o hábito de trazer o time para perto de mim, porém o afastamento foi necessário. Desde então, parei de frequentar as casas das pessoas e não levo mais ninguém para a minha; abandonei as conversas que pudessem enveredar para o campo da proximidade exagerada e virei esta página. Claro, o preço disso foi alto. Fui chamado de sociopata, antissocial, ganancioso por dinheiro. Muita gente não entendia a migração comportamental do líder-amigo para o empreendedor-objetivo. Por mais que me doesse por dentro, solitariamente eu sofri a mudança e me mantive fiel a ela.

Ao me dar conta de que a pessoalidade não me ajudaria a criar uma grande empresa, voltei a investigar o assunto e buscar uma nova maneira de driblar o padrão agressivo do jogo de rouba--montes imposto pela concorrência do segmento de tecnologia. Afinal, qual seria o melhor modelo de fidelização para criar vínculos sólidos com os consultores e evitar o *turnover* que nos faz perder tempo e dinheiro, no sentido de repor os profissionais qualificados dos projetos?

E foi então que tive um *insight*. Se me tornar amigo dos gestores e profissionais havia se comprovado uma estratégia inadequada no longo prazo, talvez a solução estivesse em construir outro tipo de relação: uma relação que fosse baseada na proximidade e confiança, sem cruzar a fronteira da pessoalidade, mas que tivesse como consequência o crescimento intelectual de cada indivíduo envolvido no processo.

Nasceu assim o Fabio Câmara mentor de pessoas. A partir de tal experimentação, assumi uma postura de investir no desenvolvimento de todos os níveis da companhia. Do estagiário aos gestores e sócios, todo mundo passou a ser incluído de alguma maneira num processo de orientação contínua sobre como ser um profissional melhor.

Essa não era — e ainda não é — uma prática comum dentro da maioria das empresas. Você até encontra programas de capacitação e treinamento para as posições iniciantes e médias do corpo técnico, mas dificilmente verifica isso acontecer entre os cargos mais altos. A relação do líder máximo de uma companhia com seus executivos costuma ser quase 100% social e/ou 100% baseada em números: você sai para almoçar e bater papo e/ou se senta para discutir números, problemas e estratégias de negócios.

Não há uma troca intelectual que ultrapasse essa objetividade. Não é habitual uma prática conjunta de estudos, reflexões, pesquisa, debates filosóficos. E isso tem muita relevância na formação de uma carreira, qualquer que seja a área de atuação.

Na FCamara, resolvi apostar nesse cenário e passei a investir parte do meu tempo para ministrar aulas para meus sócios, diretores e gestores de diferentes níveis de hierarquia. Primeiro fui me comprometendo com uma atitude de aprendizagem e crescimento daqueles que estavam próximos a mim. Em seguida, criei um vínculo baseado numa condição de mentor-mentorado. Essa ligação naturalmente gerou nos profissionais um sentimento de valor agregado que eles recebiam da empresa.

O que quero dizer com isso? Que esse novo vínculo tornou-se um elemento significativo na remuneração final de cada um deles. Não era somente sobre ser pago com salário monetário (o dinheiro propriamente dito), mas receber também uma remuneração indireta baseada em aquisição de conhecimento, aprendizado e experiência. Isso passou a ser um fator muito relevante quando os profissionais eram convidados por outras empresas e precisavam colocar na balança a decisão de aceitar ou não a mudança.

Não estou dizendo que esse vínculo de mentoria é forte o suficiente para reverter propostas com aumento de salário de 50% em diante. Porém, afirmo com toda certeza que, quando o ganho financeiro era de cerca de 20% a 30%, os profissionais reconsideravam e optavam por permanecer na nossa empresa. Houve, inclusive, muitos casos de pessoas que optaram pela saída, mas voltaram um ou dois anos depois para começar novos ciclos de trabalho na FCamara, afirmando que este foi o critério para retornar.

Como não vivemos no mundo ideal, este modelo não funciona para todas as pessoas. Existem profissionais que não se identificam com essa inquietação pelo conhecimento e não buscam se manter dentro de uma curva ascendente de desenvolvimento intelectual. Para estes é mais relevante estar dentro de uma zona de conforto e de uma rotina fixa de atividades bem delimitadas. Esse é um tipo de profissional que dificilmente se adaptaria, por exemplo, numa *startup,* onde tudo muda rapidamente de acordo com os movimentos do mercado.

Na nossa FCamara, temos essa "mentalidade de *startup*"; as pessoas que trabalham conosco precisam estar alinhadas a uma dinâmica de mudanças ágeis e adaptações constantes. Também é essencial estarem abertas ao novo e enxergarem valor no aprendizado contínuo. Se não tiverem essas características, conforme nossas experimentações, o vínculo não se estabelece.

Para evitar uma desconexão entre o estilo, a cultura da nossa companhia e dos profissionais que contratamos, mudamos nossos processos seletivos. Hoje procuramos identificar esses perfis antes mesmo da contratação. No capítulo 4, contarei um pouco mais da metodologia que desenvolvemos para sermos efetivos nesse aspecto e conseguirmos montar equipes ideais para cada tipo de projeto.

Ao encontrar na mentoria uma importante ferramenta para liderar e desenvolver meus times e fidelizar talentos, descobri outro propósito para minha função dentro da empresa, e digo para minha vida: sinto muito prazer em participar do desenvolvimento de pessoas e vejo o meu papel de mentor como o de um formador.

Portanto, essas histórias e outras que contarei nos próximos capítulos servem para ilustrar princípios e fundamentos de cultura, estratégia, gestão e negócios que acredito serem relevantes para que, você, em sua jornada empreendedora, não cometa alguns erros que podem ser evitados e tome decisões mais acertadas para prosperar.

CAPÍTULO 2

O CUBO MÁGICO

Vamos tratar de soluções e resolução de problemas, visto que é bem sutil esta diferença; entretanto, eu sempre acho que os problemas devem ser estudados antes das propostas de soluções. Nesse meu pensamento de *problem solving*, busco as melhores perguntas antes das respostas para desenvolver meus planos de ação. Para mim é uma questão de foco e eu acredito que a boa gestão do foco está mais para o que não fazer do que sobre o que fazer. O cubo mágico é excelente neste sentido, basta estar atento sobre o que não fazer e solucionará com brevidade o cubo. Gosto de fazer analogias e aqui no capítulo usarei o cubo mágico como metáfora para o desenvolvimento profissional.

Para resolver um cubo mágico no próprio cubo mágico, é necessário algo que está muito além da lógica: a compreensão de suas faces. Sim, refiro-me ao popular brinquedo[2] lançado na década de 1970 e um dos mais vendidos em todo o mundo, em formato de quebra-cabeças dimensional composto de seis lados de cores diferentes, divididos em nove partes de tamanhos iguais.

---

2 O cubo mágico foi inventado por Ernő Rubik, professor de arquitetura húngaro, em 1974, para ser utilizado nas aulas com seus alunos. Ficou conhecido como Cubo de Rubik (em inglês, Rubik's Cube). Em 1980, o objeto foi licenciado como um brinquedo e ganhou o prêmio alemão de Jogo do Ano, tornando-se um clássico na década. Diz-se que Ernő Rubik demorou um mês para resolver o cubo pela primeira vez. Fonte: https://canaldoensino.com.br/blog/cubo-magico-sua--origem-e-como-aprender-com-ele.

Cada uma dessas pequenas partes que formam o cubo mágico possui funções diferentes. Entendê-las ajuda não somente a solucionar o enigma como a analisar a nossa maturidade profissional e a das pessoas que trabalham conosco, ou das que possam vir a fazer parte de nosso time. Não se trata de uma fórmula ou receita, mas de um direcionamento que me tem sido bastante útil em minha trajetória até aqui.

A PEÇA DE ÚNICA FACE

Vamos começar com a peça de face única. No cubo mágico original, há uma peça de apenas uma face que fica sempre ao centro e serve como base de qualquer técnica para resolver o cubo. A peça com a face na cor branca fica no que seria o "piso", enquanto a amarela, por ser a oposta, fica no "telhado". No mundo dos negócios, representam as pessoas com magnífica capacidade de relacionamento e comunicação.

De maneira consciente ou não, esses profissionais comunicadores possuem um tipo de liderança natural e muita facilidade de organizar pessoas em torno de si para o desenvolvimento de um escopo; são agregadores natos, gostam de gente e se sentem confortáveis no meio de grupos. Sendo assim, não se sentem realizados se estiverem inseridas em atividades introspectivas.

A capacidade de se relacionar bem é um importante atributo de todo empreendedor. Arrisco dizer que, em muitos casos, é a principal, ainda que por si somente não seja completa, pois carece de outros atributos primordiais. Tenho uma hipótese, desenhada à luz de teses de filósofos e de alguns professores contemporâneos — experimentada primeiramente por mim e depois por alguns mentorandos[3] —, de que são necessárias quatro características fundamentais para o sucesso na liderança. Veremos cada uma delas mais adiante no capítulo 04. Por enquanto, vamos continuar desvendando os segredos do cubo.

---

3 Mentorandos são as pessoas com as quais eu tive a oportunidade de exercer mentoria nos poucos mais de 13 anos como líder de uma organização empreendedora quando escrevi este livro.

A PEÇA DE DUAS FACES

Como líder de um time e servindo a um bom patrão (um empresário qualificado ou líderes acima dele numa companhia de grande porte), é natural que um indivíduo desperte para o desejo de crescimento na carreira. É aqui que entra a importância da definição de dois perfis profissionais, ambos necessários à compreensão da peça de duas faces: o ser empreendedor e o ser empresário.

Apesar de inicialmente parecerem sinônimos, há uma diferença crucial entre eles. E, de certa forma, creio que são fases precedentes de uma realização consequente natural. Em outras palavras, o empreendedor bem-sucedido, a partir da concretização da grandeza do seu projeto, provavelmente se tornará um grande empresário.

Isso porque o empreendedor é movido pela iniciativa operativa, pela vontade de construir. Sua principal característica é acreditar em algo em que quase ninguém crê; mover adiante, como se já fossem realidade, ideias que ainda serão validadas pela prática mercadológica. O empreendedor atua para transformar suas visões e sonhos num projeto ou solução concreta. Um empreendedor é alguém movido por intuição e uma vontade sem igual[4], capaz de motivar a si mesmo e aos demais a defenderem aquilo em que acredita.

Já o empresário é o administrador das muitas exigências do mundo corporativo: de recursos humanos a metodologias de operação, de finanças a assuntos fiscais, entre outros. Para esse perfil, não basta, como no caso do empreendedor, ser o melhor operador e o melhor vendedor das soluções de sua empresa ou de um projeto de negócio. É preciso dominar diversas exigências do mercado e aplicá-las no dia a dia com as pessoas envolvidas em seu universo.

---

4 Vontade sem igual não significa intensidade ou perfil de agressividade. Certamente todo empreendedor utiliza sua agressividade de natureza, aquela que é instinto, para motivar a si mesmo e aos demais que somam ao projeto. Aqui se trata de vontade sem igual como sinônimo de crença.

Não estou afirmando com isso que o empresário é necessariamente melhor do que o empreendedor no domínio das diferentes áreas ou funções de seu negócio — o que seria bem perigoso, pois tenderia à generalização das especialidades —, mas sim que ele deve ser um hábil administrador e saber qualificar e selecionar para próximo de si profissionais de excelência em seus segmentos, como advogados, contadores ou especialistas financeiros.

De maneira prática, a diferença mais marcante entre empreendedor e empresário está na dimensão e preocupação com o controle. Para o primeiro, deve-se primeiro fazer e só depois organizar. O segundo busca conduzir a execução de maneira mais regrada, planejada e bastante atenta aos detalhes. Confesso que eu me divirto mais nas minhas fases empreendedoras e brinco com a ideia de que a bandeira nacional está com a frase invertida— deveria ser "progresso e ordem" em vez do contrário.

Porém, engana-se quem pensa ser enfadonho o dia a dia do empresário. A o contrário, gerir tantos resultados positivos e realizar grandes negócios é animado e proporciona forte sentido. Esse perfil está mais próximo da figura do executivo do que o empreendedor — entenda-se por executivo o líder contratado depois das fases de formação de uma empresa para guiá-la com mais metodologia e menos paixão aos encontros de suas metas.

Percebo que há uma certa confusão no entendimento dos perfis empreendedor ou empresário versus o perfil executivo. O empreendedor ou o empresário está mais para o sonho, a vontade de construir história, enquanto o executivo está mais para o objeto e a gana para construir valor para o futuro. De fato, é uma dialética complexa, pois o sonhador tem dificuldades em compreender o olhar exclusivo no objeto e o executivo também não compreende a paixão pela necessidade de empreender.

Sou muito simpático a uma metáfora que eu mesmo inventei para explicar aos diretores da nossa empresa meus pensamentos sobre essas diferenças. . O empreendedor está sempre construindo uma casa, algo com uma eternidade de segurança, de boa infraestrutura, para usufruir ilimitadamente. Já o empresário está construindo um carro, com recursos incríveis para que qualquer um — no caso um executivo — possa se tornar um campeão e alcançar os melhores resultados. Sabemos que é bem mais rápido e fácil vender um carro de corridas campeão do que uma casa confortável.

No meu caso, enquanto fundador de um grande grupo de negócios, tenho o gigantesco desafio de tentar entender que todas as empresas que ajudei a criar são "meros" objetos que podem ser comprados por qualquer um que pague bem. Por outro lado, se eu não administrar minhas empresas como objetos, como meio para servir ou produzir valor, cometerei erros de gestão. E vou além: objetificar uma empresa minha é também um ato de compromisso com meu sonho. Somente os sonhadores com a consciência livre para não se prender aos objetos e acreditar no seu potencial criativo para montar novas iniciativas empreendedoras serão os protagonistas de suas próprias histórias.

Esta é, portanto, a metáfora das peças de duas faces do cubo mágico: ser primeiro empreendedor e depois, empresário; saber lidar com a responsabilidade de estar mais para um perfil ou para o outro, conforme o momento da sua iniciativa. Afinal, muito controle no início de uma ideia pode trazer uma sobrecarga que te sufocará antes de realizar o que pretende. No entanto, muita iniciativa sem uma gestão eficiente das exigências corporativas pode levar à insuficiência de recursos e a uma possível falência.

A PEÇA DE TRÊS FACES

Todo verdadeiro líder empresarial, à medida que adquire maturidade profissional, deve saber identificar e combinar três tipos de capitais fundamentais para gerir seus negócios rumo à realização pessoal, aos resultados positivos e ao orgulho pelo que faz: o capital intelectual, o capital social e o capital financeiro. Essa é a peça de três faces do cubo mágico.

Por capital intelectual entende-se a identidade do que se faz. É a capacidade natural a todas as pessoas de serem diferentes uma dos outras. Aplicado como metáfora no mundo dos negócios e das regras de mercado, está além da razão social — que, por lei, é exclusiva —, da logomarca ou do preço competitivo. Trata-se daquilo que faz um profissional ser distinto na entrega de um produto ou serviço. Para saber qual o seu, pergunte-se: o que realizo de forma única?

O capital intelectual está intrinsicamente ligado à habilidade de "saber servir" e ser útil ao seu cliente — e acredite, não importa a natureza do que se faz, todos nós temos um público-alvo se realizamos alguma atividade remunerada. Em resumo, é aquilo que faz o cliente preferir você ao seu concorrente.

Já o capital financeiro, que são os recursos financeiros ou, de forma mais simples, o dinheiro necessário para tocar as operações de uma empresa, é o mais óbvio dessa tríade e está ligado à habilidade de gerir dinheiro e recursos materiais. No universo dos negócios, é um plano equilibrado de entradas e saídas, investimentos e distribuições. Se estiver desproporcional por causa de uma questionável gestão, a empresa fica com suas fragilidades expostas quando vierem os momentos mais críticos.

No geral, não há no Brasil muitos pequenos empreendedores de verdade. O que percebo é que a maioria dos que assim se definem são profissionais desempregados e angustiados em sustentar uma atitude empreendedora porque veem nessa iniciativa uma maneira de suprir suas necessidades econômicas.

Essas pessoas carecem de conhecimentos práticos administrativos e organizacionais — são péssimas em delegar e compartilhar responsabilidades, por exemplo — e, principalmente, são iniciantes nas regras do jogo da inteligência financeira. Quando possuem algum capital financeiro para iniciar seu empreendimento, não sabem planejar o funcionamento dos negócios e tampouco são preparados para lidar com endividamentos — muitos abrem empresas sem os recursos necessários.

Devido à desorganização, a vida privada e a empreendedora frequentemente se confundem na administração do tempo, do dinheiro e das relações. Isso, que para um empreendedor despreparado parece uma burocracia desnecessária ou inútil, pode se tornar o vilão mental que limita a pessoa jurídica para evoluir numa velocidade diferente da pessoa física.

Desde o início dos meus negócios, tive cuidado com tais questões, o que me dá uma certa propriedade de quem vivenciou e resolveu essa fase da alfabetização do empreendedorismo. No meu caso particular, estabeleci um salário mensal com duas simples regras: um valor proporcional de mercado em períodos mais recessivos ou 50% das minhas horas apontadas nos projetos em que eu participava — sim, além de vendedor, RH, administrativo e financeiro, eu ainda apontava minhas horas como consultor alocado nos projetos vendidos.

Pode parecer espartano, porém essa prática foi essencial para que a microempresa que fundei e lidero até hoje, tendo crescido e transformado-se num grande grupo de empresas, conseguisse construir um caixa mínimo para lidar com as adversidades — principalmente as imprevisíveis, que adoram aparecer. Mesmo nos momentos de melhores resultados, optei por uma austeridade financeira que não permitia desperdícios conscientes e ostentações. Escolhei esse caminho por dois motivos que estão além da lógica financeira:

Gerir uma empresa ou projeto de negócio com o fluxo de caixa apertado limita demais a criatividade, a inteligência e a disponibilidade para as oportunidades. Ainda hoje, costumo dizer a todos os líderes do nosso grupo de empresas: pior do que estar em um mal projeto é estar indisponível para um bom projeto. Quando não se tem caixa, é como estar em um péssimo projeto que lhe rouba atenção, tempo e saúde;

Despertar inveja nos outros é um péssimo investimento de ação e de tempo. Já existe inveja demais disponível, seja daqueles que não se sentem reconhecidos ou das pessoas frustradas por um motivo qualquer. É desnecessário ostentar precocemente possíveis resultados com o intuito de despertar inveja nos seus pares e vizinhos[5].

---

5 Abrindo um pequeno parêntese sobre a inveja, gosto de estar atento a esse sentimento por meio de um método instrumental de medida simples. Minha estratégia é: não me esforço para ter o automóvel mais caro da garagem do prédio onde moro. Se tenho condições para isso, primeiro mudo de residência e depois, o carro. Se todos que estão em volta de mim possuem o veículo, então eu fico à vontade para possuir, pois conforme a sábia filosofia grega, o belo é uma proporção, um equilíbrio. E é no desequilíbrio das relações que acontecem os motins e as chantagens.

PESSOAS CERTAS

O terceiro capital fundamental para a boa liderança nos negócios é o capital social, que nada mais é do que o valor gerado quando se pode contar com as pessoas certas para uma ideia ou iniciativa.

Está muito na moda hoje aparecer na mídia notícias de *startups* recém-criadas, que conseguem a captação de uma quantia significativa de dinheiro para operacionalizar suas teses e modelos de negócios ou escalar seu crescimento. Como este tipo de coisa não acontece como um conto de fadas hollywoodiano, existe algo que está de fato por trás dessa movimentação, além de fundadores confiáveis, uma planilha Excel com uma interessante tabela de perdas e ganhos e uma jornada de negócios compatível com um mercado-alvo promissor: há uma forte presença de capital social.

Por mais que tenhamos talento, uma boa ideia e a capacidade de execução dessa ideia, se não conhecermos as pessoas certas para determinados assuntos, estamos fadados ao desequilíbrio entre esforço e resultado. Não se trata de *networking* em seu mais simples conceito. A questão do capital social é a resposta objetiva de o quanto vale estar diante da pessoa certa para a sua tese de negócios.

Vou contar um causo para facilitar a compreensão. Um menino de 15 anos achou um antigo relógio enterrado, provavelmente por décadas, em um terreno vazio próximo a sua residência. Ele limpou a terra do objeto e mostrou-o a um amigo mais velho, que fez uma oferta: "Te pago cem reais por ele".

Esse amigo lustrou o relógio e o levou a um relojoeiro. Recebeu uma proposta de quinhentos reais e saiu comemorando o excelente negócio que acabara de fechar. O relojoeiro, por sua vez, certo do valor que tinha em mãos, consertou o relógio e foi até uma conceituada loja de antiguidades. O administrador do estabelecimento também se interessou pelo objeto e ofereceu quatro mil reais por ele. Momentos depois da saída do satisfeito relojoeiro, o dono da loja telefonou para um cliente colecionador que prontamente adquiriu o relógio por vinte mil reais.

Moral da história: todos agiram conforme suas próprias inteligências e capacidades. O que fez a diferença de valores obtidos não foi apenas o conhecimento de que se tratava de um item valioso — em certa proporção e intuitivamente, o garoto também percebeu isso —, mas o capital social e sua possibilidade de contar com as pessoas certas para chegar aos lugares desejados. A loja de antiguidades, por exemplo, nunca compraria o relógio diretamente do garoto. Dentro de uma organização, o capital social vem das pessoas que conferem credibilidade aos processos.

Para explicar melhor, vamos considerar uma situação hipotética. Considere que um talentoso profissional submeta a um potencial cliente uma proposta de orçamento de consultoria para a implementação de sistemas e ferramentas de gestão da Microsoft em sua empresa. Essa proposta pode ser feita de diversas maneiras, ainda que todas apresentem o mesmo valor para o trabalho. A diferença, nesses casos, é como a presença do capital social influencia na percepção do valor pelo cliente em cada situação. A tabela a seguir ilustra esse exemplo:

Objeto	Valor proposto	Valor percebido
Descrição de serviços com clareza, demonstração de conhecimento e de capacidade de execução	R$ 10.000,00	R$ 2.500,00
+ Histórico de realização de proposta similar em outro cliente desconhecido	R$ 10.000,00	R$ 3.000,00
+ Histórico de realização de proposta similar em outro cliente conhecido	R$ 10.000,00	R$ 10.000,00
+ Apresentação / recomendação por alguém de confiança do contratante	R$ 10.000,00	R$ 10.000,00
+ Apresentação / recomendação por algum gestor da Microsoft Brasil	R$ 10.000,00	R$ 15.000,00
Todas as condições acima na mesma proposta	R$ 10.000,00	R$ 20.000,00

Na tabela, o ponto prático é perceber como a coluna "Valor percebido" varia conforme certo capital social é adicionado em cada proposta apresentada. A chave do capital social, portanto, é ter a pessoa certa no cenário apropriado.

Para resumir, podemos dizer que a boa ideia, a capacidade de execução e a história de sucesso por trás de uma pessoa também fazem parte da peça de três faces do cubo mágico. Somados, esses pilares se transformam em oportunidades de construção e crescimento do seu negócio e funcionam como uma espécie de pontapé para a consolidação de uma certa genialidade profissional. Para isso, todavia, alguns cuidados devem ser tomados:

Dedicação à profissão — ter responsabilidade com o compromisso do aprendizado contínuo e a especialização competente em algo que tenha um mercado com competitividade e o sacro ofício do trabalho;

Estilo de vida pessoal — preservar uma imagem que inspire confiança com a construção de hábitos produtivos;

Curiosidade — estar em permanente busca de coisas e novidades do seu interesse.

O gênio é, acima de tudo, um economista de esforço e de tempo. Mesmo sem nada a fazer, não desperdiça esses recursos, pois no fim ele sabe que nada é por acaso. Mesmo em seus prazeres, há aprendizado. Quando toma um vinho, por exemplo, não se limita a levar um líquido à boca, mas aciona todos os sentidos para transcender ao banal e adquirir momentos de satisfação. Para quem vive esse estilo de vida, há sempre espaço para a ambição de querer fazer mais, por isso a vontade se transforma em atitude e ação.

Nesse ponto, cabe aqui uma provocação. Ao se olhar no espelho, você consegue enxergar esse tipo de genialidade na imagem refletida? Você é uma peça de quantas faces desse cubo mágico chamado mundo profissional?

Se o cubo nos serviu de analogia nesse capítulo, no próximo nos apoiaremos no jogo de xadrez como metáfora.

CAPÍTULO 3

LER EM ANTECIPAÇÃO COMO NUMA PARTIDA DE XADREZ

Ao nascer, nós aprendemos sozinhos a ouvir. Em seguida, desenvolvemos a habilidade da fala e, poucos anos depois, somos alfabetizados em leitura e escrita. Com o passar da idade, alguns avançam no domínio das palavras — escrevem livros! — e, eventualmente, dedicam-se à arte da oratória. Mas quem se dedica a melhorar a habilidade de escuta?

Antes de avançar nesse tema, cabe aqui uma distinção entre ouvir e escutar. O primeiro verbo se refere ao sentido da audição propriamente dito e ocorre de maneira automática. Já o segundo depende da vontade de prestar atenção e compreender o que está sendo dito. E uma coisa é certa: ninguém duvida de que seríamos mais sábios se nos escutássemos mais; se ouvíssemos o discurso sem ficar pensando na resposta a dar, seja para se defender, se justificar ou encontrar inconsistências.

Para escutarmos bem o outro, no entanto, é necessário antes conhecermos a fundo quem somos e qual nosso espaço, onde estamos e para onde queremos ir. Infelizmente, ainda não aprendemos isso na escola. A busca do autoconhecimento e da compreensão de nosso papel nesse mundo partem de uma decisão individual de entendermos as nossas próprias subjetividades e de ações intencionais para ampliarmos nossa consciência.

Sun Tzu, famoso general, estrategista e filósofo chinês, em seu tratado militar *A arte da guerra*[6] — escrito cerca de 500 a.C. —, deixou algumas pistas sobre a importância do autoconhecimento para as batalhas da vida:

- Se eu me conheço e conheço meu inimigo, a vitória é certa;

- Se eu me conheço e não conheço o meu inimigo, terei desafios, mas ainda assim terei boas chances de vitória;

- Se não me conheço e não conheço o meu inimigo, inevitavelmente serei derrotado.

Um caminho para buscarmos o autoconhecimento é estarmos atentos às nossas experiências individuais, mapeando o que nos incomoda e o que nos causa bem-estar, o que eleva ou diminui nosso amor-próprio, nossos pontos fortes e fracos.

Muitos de nós enxergamos com facilidade os defeitos dos outros, porém não conseguimos perceber nossas próprias fragilidades. Na prática, estamos apenas nos vendo em reflexo, como numa espécie de seleção semântica: o que identificamos como falha em alguém é algo que também carregamos em nós e não somos capazes de identificar. Por que temos dificuldade de perceber nossos defeitos? Talvez por conta do foco excessivo que a sociedade confere aos problemas e à análise do ser humano doente. Acredito que, se direcionarmos nosso olhar aos indivíduos sadios, tendo a intenção de compreender seus comportamentos e o que podemos apreender deles, a lógica se inverte, pois enxergaremos com mais facilidade o que podemos melhorar em nós.

---

6   TZU, Sun. **A arte da guerra**: os 13 capítulos originais. São Paulo: Novo Século, 2015.

Precisamos, portanto, sair desse ciclo e ser mais curiosos a nosso respeito, afinal é a curiosidade que nos mantém vivos neste mundo; toda descoberta, invenção ou teoria, em seu ritual humano primário de iniciação, começou com o desejo de entender melhor alguma coisa.

Como disse anteriormente, o autoconhecimento é um dos fundamentos que ajudam a fortalecer a prática de uma escuta consistente dentro de uma rede de convívio. Em um cenário corporativo, essa habilidade individual reverbera no modo como a coletividade constrói relações produtivas e voltadas a um objetivo em comum — o ideal de qualquer líder e gestor de negócios.

Imagine uma empresa como um jogo de xadrez. O tabuleiro e as peças representam o ambiente, as pessoas e o clima organizacional. Por ambiente, naturalmente compreendemos tudo o que é físico: a estrutura predial, a recepção, as salas de reunião, as *workstations*. Entretanto, falo aqui de algo muito além disso: refiro-me aos elementos invisíveis aos olhos e que funcionam como pilares para moldar a "aparência" do ambiente e o clima organizacional.

O principal desses elementos é o pensamento norteador dos fundadores, sócios, diretores e gestores. Os pressupostos ideológicos dos líderes são os direcionadores da cultura corporativa e determinam como as equipes vão se comunicar e atuar na condução das atividades diárias.

Vamos tomar como exemplo um líder que gosta de estudar e incentiva sua equipe a adquirir e replicar conhecimento. Esse comportamento induz ao hábito e acaba por formalizar a "aparência" e o clima do ambiente. Pessoas descomprometidas com tal valor provavelmente não se identificarão com a cultura organizacional, ficarão expostas e não encontrarão espaço para protagonizar suas histórias nessa empresa. Já aqueles interessados em buscar mais capacitação se sentirão acolhidos e pertencentes à companhia.

Por que isso é importante? Porque as organizações com quadros funcionais coesos e alinhados à cultura da empresa têm mais chances de atingir um grau maior de excelência e, por consequência, resultados melhores.

Voltemos ao tabuleiro. As regras do jogo são simples: o líder movimenta os projetos e escolhe os profissionais e as posições em que eles vão atuar. Essas pessoas também decidem se aproximar de outras — conscientemente ou não — pelo critério de identificação. Se todos se sentem confortáveis nesse ambiente e são, de algum modo, formados por ele, ajudarão a constituir um clima interno acolhedor e favorável a uma comunicação mais transparente.

Em outras palavras, funciona quase como uma troca simbiótica entre os meios interno e externo. O ambiente constrói e é construído pelas pessoas que produzem nele; e as pessoas constroem e são construídas pelo ambiente onde produzem valor.

Participante de grandes histórias de crescimento empresarial, de empresas com cultura forte , o renomado empresário brasileiro Jorge Paulo Lemann[7], um dos fundadores do 3G Capital e sócio de companhias como Kraft Heinz, Burger King e AB Inbev, sempre afirma em suas entrevistas que o propósito dele é reunir "gente boa". Certa vez, quando questionado sobre o sentido real desta afirmação, ele respondeu:

— Nosso negócio não é cerveja, nem hambúrguer ou ketchup, é gente.

Lemann, conhecido pelo seu hábito de investir na formação dos seus líderes, possui um estilo pessoal reservado e, pelo menos uma vez por mês, entrevista algum candidato a vagas de estágio do seu

---

[7] Jorge Paulo Lemann é um economista e empresário brasileiro. Em 2019, foi considerado pela Forbes o segundo homem mais rico do Brasil, com uma fortuna estimada em US$ 22,8 bilhões.

grupo de empresas. Seu comportamento se irradia como a base da cultura das suas empresas, formalizando o ambiente corporativo e o clima organizacional.

Como numa partida de xadrez, as peças são conduzidas, em conjunto, para ganhar o jogo a partir da visão de quem compreende a estratégia posta no tabuleiro. Daí a importância da correta disposição de quem ocupa as funções e como se movimentam uns em relação aos outros. A melhor forma de medir se vai haver xeque-mate é verificar o ambiente e o clima de um departamento. E, dependendo do resultado, validamos o líder.

> **DICA DO AUTOR:** CULTURAS FORTES EXISTEM QUANDO OS FUNCIONÁRIOS SÃO INTENSAMENTE COMPROMETIDOS COM UM CONJUNTO COMPARTILHADO DE VALORES E NORMAS. SE VOCÊ QUER CONSTRUIR UMA CULTURA FORTE, É IMPRESCINDÍVEL TORNAR A DIVERSIDADE UM DE SEUS VALORES FUNDAMENTAIS.

AS PEÇAS DO XADREZ: SEU TIME

Meu primeiro comportamento, sempre que estou diante de um problema em algum projeto da nossa empresa, é focar na equipe e não na dificuldade em si. Procuro antes os sinais de erros na dinâmica do time para somente depois tentar elaborar uma solução adequada.

Quando vou montar uma equipe, busco observar as habilidades individuais de cada profissional, sua mentalidade e grau de curiosidade em relação ao mundo. Com base nessas prerrogativas, consigo projetar se o provável participante vai contribuir ou atrapalhar o crescimento do grupo FCamara.

Sem medo de errar, afirmo que as melhores equipes que já ajudei a formar não eram compostas por pessoas superexperientes, mas por profissionais com uma característica muito forte em comum: a constante abertura para o aprendizado. São homens e mulheres interessados em crescer em suas áreas de atuação por meio do conhecimento.

Em minhas entrevistas de seleção, procuro entender se o(a) candidato(a) tem ou costuma ter grandes ideias. Tipicamente, essas pessoas estão disponíveis para trilhar caminhos que requerem mais coragem e, portanto, serão mais destemidas diante de prováveis riscos. Para nosso segmento de atuação — projetos de tecnologia fundamentados em incertezas e experimentações — essa é uma habilidade necessária.

Depois de formado o time, é indispensável criar uma cultura de equipe. Na FCamara, a premissa "Todos por todos" sempre vem antes de "Um por todos e todos por um". Acreditamos que, dessa maneira, os *feedbacks* entre pares são mais transparentes e diretos. Além disso, significa que, em nossa cultura, os resultados são consequências naturais de uma boa gestão e de uma equipe equilibrada.

Assim como no xadrez, em que cada peça tem uma função na estratégia para a vitória, nas organizações os times devem se comportar como comunidades, integrando interesses e deixando de lado as diferenças: "Todos por todos" voltados a um objetivo único e bem segmentado.

Quando um projeto é bem-sucedido, o senso de propriedade e o autoorgulho envolvem todo o time, elevando a autoestima de cada integrante. Em contrapartida, se há um desgaste coletivo, em que todos se esforçam e cansam demais, o estresse e exaustão também impregnam o ambiente. Nesses casos, posso apostar que nem a cultura, nem o senso de comunidade estão funcionando. Consequentemente, não haverá bons resultados. Será preciso movimentar novamente as peças e reencontrar o equilíbrio da partida.

ALGUNS INSTRUMENTOS DE LEITURA

Aprender a ler as pessoas que trabalham ou podem vir a trabalhar comigo foi um dos melhores investimentos que fiz no meu desenvolvimento como líder. Minha curiosidade em entender o que está por trás de cada personalidade e como os profissionais se comportam quando inseridos em um grupo está a anos-luz de outros temas sobre os quais também tenho muito interesse.

Não estou dizendo com isso que acredito na previsibilidade dos seres humanos, afinal minha atividade profissional lida justamente com o contrário de previsível — costumo dizer que a sigla TI não significa Tecnologia da Informação e sim Técnicas para Lidar com Incertezas.

Abro aqui um parêntese para contar que tive essa compreensão sobre minha área quando iniciei um curso de MBA no interior do Rio Grande do Sul. As aulas aconteciam num local chamado de Recanto Maestro, um centro de cultura humanista pouco conhecido, e que serviu de cenário para profundas reflexões que me jogaram numa crise existencial. Naquela época, eu percebi que minha construção profissional era um esforço de 100 para um resultado de 20 ou 30.

Já no primeiro dia de aula, uma professora de origem italiana disse algo que nunca esqueci:

— O erro não é criativo. Erramos sempre da mesma forma e pelo mesmo motivo.

Bingo! Aquela frase, dita de maneira tão simples, imediatamente me fez tanto sentido que, dali em diante, mergulhei em artigos e livros para construir hipóteses sobre a importância de ler as

NÃO ESTOU DIZENDO COM ISSO QUE ACREDITO NA PREVISIBILIDADE DOS SERES HUMANOS, AFINAL MINHA ATIVIDADE PROFISSIONAL LIDA JUSTAMENTE COM O CONTRÁRIO DE PREVISÍVEL — COSTUMO DIZER QUE A SIGLA TI NÃO SIGNIFICA TECNOLOGIA DA INFORMAÇÃO E SIM TÉCNICAS PARA LIDAR COM INCERTEZAS.

pessoas e mapear incertezas. Eu acreditava que, se aprendesse a perceber prováveis sinais de falhas no trabalho dos membros dos meus times, poderia liderá-los conforme tais limitações.

À medida que fui testando essa teoria, passei a aplicar seus conceitos no dia a dia da minha empresa. Ao perceber uma possibilidade de falha iminente, eu interferia nas atividades do profissional e conduzia a situação para buscar soluções. Quando acertava na análise, além do resultado positivo no projeto, eu ganhava um funcionário mais feliz e com autoestima elevada. Porém, se estivesse errado — e estive muitas vezes —, corria o risco de despertar nas pessoas a sensação de estarem sendo invadidas. Confesso que, durante essas experiências, chateei algumas pessoas.

Nunca estudei formalmente psicologia ou tive qualquer intenção de entrar na seara dessa área de estudos. Meu objetivo na comprovação dessa hipótese completamente experimental era perceber determinadas características daqueles que trabalhariam comigo, de modo que eu mapeasse seus "limites determinísticos", ou seja, os pontos críticos que podiam interferir na condução de determinada atividade.

Minha técnica era fundamentada na observação mais atenta possível de tudo o que me cercava — algumas pessoas, inclusive, reclamavam da forma como eu as olhava. Eu quase nunca fazia perguntas aos integrantes dos meus times, exceto "quantos irmãos você tem?". Mais adiante aqui no capítulo, explicarei as razões deste questionamento quando tratar de ordem de genitura.

As pistas para entender cada indivíduo vinham sobretudo dos seus gestos, expressões, distâncias corporais e palavras soltas deixadas no ar. Traduzindo esses instrumentos, que utilizo até hoje, posso separá-los em breves exemplos para construção da minha teoria.

Arquétipos de linguagem: são os discursos existentes por trás daquilo que é dito. Não é por acaso que se usa uma determinada palavra dentro de um contexto. Essa escolha, consciente ou não, revela uma intenção nem sempre visível. Certa vez, um entrevistado afirmou que se sentia como uma espécie de hospedeiro na companhia. Ele queria explicar que estava trabalhando dentro de outra empresa como autônomo, sem relação profissional exclusiva com a companhia. Seu discurso, apesar de aparentemente neutro, revelava insatisfação com tal condição.

Cinésica: é a forma como o corpo se comunica sem palavras, seja pela postura, apresentação ou movimentos. Considero este o primeiro impacto na troca de mensagens, pois revela alguma intencionalidade entre pessoas em um diálogo. Por exemplo, não espero que alguém seja expert em moda, porém a forma como ela se veste para uma reunião de negócios (ou um encontro casual) tem um significado.

Proxêmica: é o estudo das proximidades ou distâncias entre os indivíduos. Observo a relação que a pessoa tem com o espaço e busco identificar caraterísticas como timidez, intromissão, autoritarismo e afins. Um simples aperto de mãos pode ser um instrumento revelador do comportamento individual.

Semântica[8]: diferentemente do significado enquanto estudo linguístico, defino como a sensação que reverbera internamente quando estamos diante de alguém, ou o *feeling*. Busco compreender como o outro impacta em mim, provocando sentimentos bons ou ruins, sem a influência de fatores externos.

---

8 Minha definição foi inspirada nos ensinamentos sobre o campo semântico do cientista e filósofo italiano Antonio Meneghetti.

Reitero que desenvolvi esses conceitos de maneira empírica, a partir da observação das pessoas em meu convívio profissional. Com o tempo, consolidei essas hipóteses nas formações das equipes de projetos específicos e passei a montar os times de modo estratégico.

Minha visão segue uma lógica simples. Antes de definir os grupos, primeiro estudo as características do projeto. Utilizo um modelo de pensamento inspirado no antigo MSF (*Microsoft Solutions Framework*[9]), que foi uma proposta de metodologia de trabalho utilizada pela Microsoft na década de 1990 e nos primeiros anos do século XXI. O método parte da definição de um entre os três direcionadores abaixo:

▶ Direcionador de tempo — o prazo do projeto é o fator mais importante. Nesse caso, a conclusão dos trabalhos não pode ultrapassar as datas acordadas previamente;

▶ Direcionador de escopo e funcionalidade — para este tipo de projeto, não é permitido seu lançamento sem a totalidade do escopo e a segurança de que as funcionalidades estão livres de erros;

▶ Direcionador de orçamento — o valor contratado não tem flexibilidade e todas as incertezas do projeto deverão ser solucionadas sem acréscimos financeiros.

Após tal definição, segmento os profissionais disponíveis de acordo com os perfis criativos, críticos e *acabativos* — estes últi-

---

9 Microsoft Solutions Framework (MSF) é um conjunto de princípios, modelos, disciplinas, conceitos e padrões para o desenvolvimento de projetos de TI pela Microsoft.

mos se referem às pessoas com capacidade para concluir trabalhos em andamento sem deixá-los no meio do caminho. Na etapa final, a montagem da equipe propriamente dita, seleciono as pessoas buscando o equilíbrio entre esses perfis.

Em inúmeros projetos com atrasos, consegui verificar experiências de recuperação ao diminuir o número de perfis criativos no time, trocando-os por acabativos.

Algumas comprovações a que cheguei nos últimos anos foi que, em projetos direcionados pelo tempo, não verifiquei bons resultados com os críticos, pois são muito exigentes e, consequentemente, mais lentos para tomar decisões. Entretanto, nos projetos direcionados a escopo e funcionalidade, obtive excelentes resultados com esse tipo de perfil.

ORDEM DE GENITURA

Para elaborar essa classificação, estudei diversas linhas de pensamento e testei a hipótese por mais de cinco anos nas entrevistas de recrutamento e seleção dos times da FCamara. Uma das fontes que fundamentaram minha teoria foram os estudos de Alfred Adler[10] sobre a ordem de genitura.

Mas, afinal, o que significa genitura? A palavra genitura vem do latim e significa origem, geração, raça. Os estudos da genitura de Adler[11] avaliavam as dinâmicas de comportamentos entre irmãos de quatro a doze anos que viviam juntos. Segundo ele, a ordem de nascimento influencia na personalidade, desenvolvimento psicológico, estilos interpessoais e até mesmo nas habilidades cognitivas das crianças.

A partir dessa teoria, elaborei uma metodologia para identificar como a ordem de genitura influencia no comportamento adulto dentro de um contexto corporativo e como isso poderia me ajudar na formação de equipes de excelência. Uma das observações a que cheguei, por exemplo, foi que um primogênito tem a tendência de proteger os demais integrantes do time, pois é a repetição do padrão vivido na infância de ser responsável pelos irmãos mais novos.

No quadro a seguir, apresento minhas conclusões a respeito do cruzamento entre a ordem da genitura — primogênito, segundogênito, benjamim (filho mais novo) e filho único —, as características individuais e os perfis criativo, acabativo e crítico.

---

10 Alfred Adler foi um psicólogo austríaco fundador da psicologia do desenvolvimento individual. Entre seus estudos mais difundidos estão o complexo de superioridade, o complexo de inferioridade e a ordem de genitura.

11 Disponível em: https://visusconsultoria.com.br/artigos/a-relacao-entre-a-personalidade-e-a-ordem-de-nascimento-dos-irmaos .

Perfil	Características	Genitura provável
Criativo	Positivas: bom comunicador, cheio de ideias e iniciativas; Negativas: dificuldades de concluir suas atividades por dispersão e falta de foco.	Primogênito ou Benjamin
Acabativo	Positivas: extremamente focado, orientação à organização e sistemático; Negativas: pouco criativo, comunicação limitada e introspecção	Filho único
Crítico	Positivas: exigente, criterioso e perfeccionista; Negativas: lento para tomar decisões, truculento nas relações e impaciente.	Segundogênito

Quando eu perguntava a um(a) candidato(a) "quantos irmãos você tem?", eu buscava associar a resposta às outras pistas que ele(a) deixava (em termos de arquétipos de linguagem, cinésica, proxêmica e semântica) e tentava mapear suas características, perfil e aderência aos projetos.

Muito recentemente, eu precisava contratar uma diretora de recursos humanos para a nossa empresa. Os departamentos de engenharia e de governança corporativa dividiam esta função, mas não conseguiam apresentar bons resultados . Eu precisava de alguém muito boa de relacionamento, que conseguisse aceitação de todos e fosse criativa. Entrevistei cerca de 8 candidatas, até estar na presença de uma benjamim. Não pensei duas vezes, assustei a candidata afirmando: — Você está contratada!

Como estamos falando de seres humanos, minhas hipóteses não se estabelecem como exatas ou robóticas. Vários outros fatores podem influenciar no comportamento previsível de um adulto. Deixo claro que não tenho a pretensão de continuar evoluindo minhas pesquisas ou transformá-las numa pesquisa científica.

Dentro do meu tabuleiro de xadrez imaginário, essa é a estratégia que até hoje me leva a compreender melhor cada participante dos nossos times e atuar para manter o clima organizacional equilibrado. O objetivo final é manter um cenário adequado em que todos se movimentem sempre para vencer a partida

No próximo capítulo, conversaremos sobre quatro características que considero fundamentais para um profissional ser um bom líder.

CAPÍTULO 4

AS 4 CARACTERÍSTICAS DO LÍDER DE NEGÓCIOS VENCEDORES

No mundo da liderança de negócios vencedores o que você tem não é suficiente. Você precisa, antes de tudo, ser, agir e possuir capacidade de autorrealização. O sucesso vem dessa combinação de fatores que, à primeira vista, podem parecer muito, mas têm sua origem na simplicidade da ação — pura e simples.

Explico: sou simpático à tese de que o sucesso vem para as pessoas que veem o que deve ser feito, vão lá e fazem. Por outro lado, o indivíduo que prefere fazer somente o que gosta e o que tem vontade nunca será bem-sucedido. E ainda pode ser pior: há aqueles que sequer compreendem o que precisa ser feito, mesmo sendo algo bem diante de seus olhos.

Para construir, seja uma carreira, um projeto ou a própria existência, o primeiro fundamento é, portanto, entender quem você é. O Ser sempre vem antes do Ter. A vida segue uma lógica simples determinada pela natureza, na qual nossas faculdades naturais, como a inteligência, a sabedoria e o conhecimento, estão além de todos os outros valores sociais ou monetários — que podem ser furtados de nós a qualquer momento.

Segundo um dito popular do qual gosto muito, nunca se viu um carro-forte seguir um carro funerário. Nosso foco, pois, precisa estar no alvo correto. Um líder de negócios vencedores sabe que o melhor investimento não está na busca da riqueza em si, mas no autoconhecimento e no aprendizado dos afazeres.

A consciência sobre nós mesmos nos proporciona mais prazer e felicidade; a inteligência nos guia no caminho da autorrealização; o aprendizado nos eleva à dimensão de poder ensinar; já o dinheiro serve apenas para comprarmos a liberdade de fazermos o que quisermos, quando quisermos — obviamente se respeitando as leis, a moral e a ética do local onde estamos inseridos.

O investimento no autoconhecimento, chave para o bom desempenho do líder de negócios vencedores, deve estar alinhado com as 4 características básicas que veremos a seguir: competência, competitividade, relação otimal[12] e estilo de vida[13].

---

12 Por otimal, segundo meu contexto, quero dizer o perfeito equilíbrio; a natureza equilibrada em suas proporções, algo que é sempre bom na relação entre duas pessoas.

13 Estas 4 características foram propostas originalmente por Antonio Meneghetti em seu livro **A Riqueza Como Arte de Ser**, publicado pela Fundação Antonio Meneghetti, em 2016.

COMPETÊNCIA

A competência é a primeira característica fundamental para se tornar um líder de negócios vencedores. E ser competente, segundo minha visão, significa possuir o primado de conhecer a fundo uma determinada atividade ou área. É ser, antes de tudo, um adulto. Não me refiro obviamente a quem alcançou a maioridade legal conforme a lei do Estado em que vive, mas à pessoa capaz de sustentar todas as suas necessidades primárias e resolver seus problemas com autonomia — financeira, psicológica e afetiva. Sem essas instâncias, você estará fadado a viver em débito, pois terá de obedecer a certos "patrões"[14] que cercearão suas possibilidades de crescimento.

Na seara da competência, não existe espaço para o achismo: são necessários anos de aprendizado diário para compreender tudo sobre um campo específico e ultrapassar as barreiras do "eu acho que" e "eu entendo que". Durante esse tempo, além de trabalhar muito atento aos detalhes, sendo muito curioso e aberto a experimentação em seu segmento de atuação, você deve, em um primeiro momento, pacientemente estudar o máximo possível sobre ele. Em segundo lugar, deve encontrar os seus "artistas", os seus "mestres" na área, ou seja, as pessoas que são referências e o inspiram a "chegar lá", para que possa analisar suas formas de pensar e comportamentos e, assim, aprender com elas. Somente depois dessa construção, você estará apto a desenvolver sua própria especialidade original — se esse for seu desejo.

Podemos concluir, portanto, que o competente é, por natureza, um incansável curioso, tem sede de conhecimento e está em

---

14 Por patrões, neste contexto, quero dizer que as pessoas com as quais você está em dívida irão te controlar e limitar suas oportunidades.

constante movimento. Quanto atinge o que chamo de "nirvana[15] da competência" — capacidade de transcender a racionalidade existente e propor uma abertura para novas teses —, torna-se um líder de si mesmo e um expert em servir aos outros, destacando-se em três conhecimentos fundamentais no exercício da liderança:

1. 1. Conhecimento Humano — sabe o valor das relações e domina a arte de liderar pessoas para um projeto específico; é um diplomata;

2. 2. Conhecimento Técnico — sabe o valor de uma cultura genérica, abrangente e, ao mesmo tempo, o valor do profundo conhecimento do seu ofício;

3. 3. Conhecimento Conceitual: sabe o valor de ser reconhecido como autoridade dentro do seu mercado de trabalho, ocupando espaços de comunicação para construir sua imagem profissional.

Como disse anteriormente, a construção de tal habilidade voltada para a liderança não ocorre do dia para a noite. Para ser competente por essência, você deverá investir no contínuo sacrifício em adquirir expertise sobre aquilo que deseja fazer, iniciando em um pequeno espaço e ganhando força até chegar ao estágio de oferecer mais qualidade que os outros. E isso não significa ter competências em muitas áreas, mas utilizar o conhecimento adquirido em função da própria área de negócios. Ou, como dizem os *vikings* sobre

---

15 Nas religiões indianas, é o estado permanente e definitivo de beatitude, felicidade e conhecimento; meta suprema do homem religioso, obtida através de disciplina ascética e meditação.

o papel de um líder, dar função útil para todas as coisas e todas as pessoas em favor de um objetivo ou escopo[16].

Para os vikings, conforme suas histórias, quando o líder erra, imediatamente se verifica um motim contra ele. O líder deve ser hábil em saber reconhecer e delegar a atividade ideal para o liderado ideal.

Concluo este tópico com uma frase de Meneghetti, um de meus autores preferidos, proferida numa palestra realizada pela FOIL[17]: *"Você pode, se souber como. Se você sabe, você faz história"*.

---

16 A definição de líder segundo os vikings se refere àquele que é capaz de designar uma responsabilidade de trabalho útil e funcional a todos os seus liderados.

17 FOIL — Formação Ontopsicológica Interdisciplinar Liderística — empresa fundada na Itália para atender às exigências de Consultoria Empresarial e Formação Continuada de altos executivos e operadores sociais.

COMPETITIVIDADE

Apesar de muitas vezes ser utilizada com sentido pejorativo, a competitividade é uma condição natural da vida. Seres humanos, animais, plantas, todos enfrentam algum tipo de competição em determinados momentos de sua existência.

O eucalipto, árvore comum na flora brasileira, é um exemplo clássico: quando cultivado numa planície distante de outras árvores, cresce pouco e desenvolve um tronco grosso demais para sua espécie. No entanto, se estiver inserido em uma plantação de eucaliptos, fica mais alto e com tronco fino, característica típica da vegetação. Isso acontece porque na disputa entre seus pares, todos querem alcançar com mais privilégios os raios do sol.

A lógica vale também para a vida em sociedade. Ccrianças que vivem em ambientes exageradamente seguros e controlados tendem a se tornar jovens sem capacidade de lidar com frustrações. Num ambiente de trabalho, este comportamento é um grande limitador para o crescimento na carreira, pois atrapalha na construção de relações sólidas e no desenvolvimento pessoal.

Segundo um conhecido dito popular, só se faz marinheiro bom com tempestade. Em outras palavras: é nossa capacidade de enfrentar as adversidades que nos faz grandes. E quanto mais dificuldades estivermos aptos a combater, maiores seremos.

A competência sozinha nada vale. Não basta fazermos algo belo, satisfatório e que gere ótimos resultados. Devemos sempre olhar se há outras pessoas realizando o mesmo trabalho e aprender como podemos ser ainda melhores. Na busca por uma liderança de negócios vencedores, a competitividade nos move a servir à sociedade com eficiência, economia e qualidade.

Sem concorrentes, a economia — e a sociedade — é pura estagnação. Tomemos como exemplo o sistema bancário brasileiro antes do ano de 2012. Naquela época, nem tão longe assim, os bancos não tinham clientes, mas pacientes. Criavam dependências, tratavam a relação com pouco equilíbrio e seu foco de atuação estava mais direcionado ao atendimento de suas próprias necessidades. Até que vieram as fintechs e o Banco Central do Brasil abriu espaço para elas trazerem suas inovações. Como resultado, hoje temos muitas opções de serviços bancários tradicionais e digitais, com as instituições financeiras oferecendo soluções customizadas para diferentes necessidades de pessoas físicas e jurídicas. Hoje somos clientes.

A concorrência, pois, é um exercício, uma dialética vivaz, uma escola, uma preparação contínua — sobretudo hoje, com a globalização que conecta o mundo. É a validação da nossa real grandeza profissional, a potencialização da nossa competência. No crescimento do outro, eu me aperfeiçoo e cresço também.

RELAÇÃO OTIMAL

Se você me perguntasse qual a pessoa mais indicada, no universo empreendedor, para lhe dar algum conselho sobre seu negócio, sem dúvida alguma eu diria: seu cliente. Caso você tenha feito seu caminho empresarial por meio de competência competitiva, o melhor critério externo para qualificar seu sucesso está no estreitamento da relação com seu público mais importante — o que chamo de relação otimal.

Um bom líder deve necessariamente ter a habilidade de manter uma relação otimal com aqueles que são a essência do seu negócio. Não se trata, explico, de *networking,* apesar de ter alguma semelhança com essa prática, mas da criação e do cultivo, no dia a dia, do vínculo com o círculo dos seus melhores clientes — normalmente são poucos, dez ou vinte, no máximo.

A sensibilidade e a seleção qualitativa desse grupo restrito de pessoas nos dão um bom parâmetro de qualidade que pode ser um diferencial competitivo. O relacionamento próximo com estes clientes nos fornece informações estratégicas, são radares para inovações e possibilita que eles se tornem embaixadores da nossa marca. Para que a relação otimal se estabeleça, é importante:

- ▶ ouvir com muita atenção seus feedbacks[18] e, a partir deles, implementar as sugestões que você julgar relevantes;
- ▶ conhecer suas motivações, dores e sonhos;
- ▶ cultivar uma proximidade baseada em transparência e em trocas que visem ao fortalecimento e à melhora dos negócios de ambas as partes.

---

18 Quero frisar para você que os feedbacks recebidos de seus clientes são "ouro puro" e você deve levá-los muito a sério, pois são uma verdadeira consultoria que você e seu time recebem de graça para melhorar a performance de sua empresa.

Numa relação otimal reside a melhor de todas as indicações, o "boca a boca", pois parte de um interesse genuíno pelo que entregamos ao mercado. E se esse canal de divulgação for extremamente qualificado, ou seja, se vier de pessoas influentes e reconhecidas em seus segmentos de atuação, teremos grandes oportunidades de abrir portas e construir pontes para negócios vencedores.

Relação otimal também é consigo mesmo. A consciência de como lidar com o futuro. Eu gosto muito de uma frase do Victor Hugo[19] que diz o seguinte: "O futuro tem vários nomes. Para os fracos e covardes chama-se impossível. Para os comodistas, inútil. Para os pensadores e valentes, o ideal"[20]. Os melhores exemplos de relação otimal consigo mesmo podemos aprender estudando os famosos pensadores do movimento filosófico chamado estoicismo.

Relação otimal deve ser exercida com todos: liderados, parceiros de negócios, mentores etc. É a compreensão de que somos únicos como ser, porém também somos parte de um grande corpo, uma organização maior chamada vida, e que para a gente se manter vivo é natural possuir tantas dependências. Somos dependentes de oxigênio, de alimentos, de outros seres vivos. Se não sabemos nos relacionar com este todo, somos limitados ao tamanho da nossa capacidade de relação. Se somos capazes de administrar boas relações com tudo, somos prósperos; se incapazes, somos pobres.

---

19 Victor-Marie Hugo (1802 – 1885) foi um romancista, poeta, dramaturgo, ensaísta, artista, estadista e ativista pelos direitos humanos, francês de grande atuação política em seu país. É autor de Les Misérables e de Notre-Dame de Paris, entre diversas outras obras clássicas de fama e renome mundial.

20 Disponível em: https://t.ly/T3nO .

ESTILO DE VIDA

Vivemos em um processo de atualização contínua. O estilo de vida que adotamos, isto é, a maneira como transitamos na sociedade, deve ser sempre coerente com aquilo que nos confere identidade, ou seja, nossos infinitos particulares, valores, construções individuais. Tudo isso aparece no modo como organizamos nosso cotidiano, em especial nas pequenas coisas do dia a dia.

Na busca por uma liderança bem-sucedida, nosso estilo de vida é fundamental, pois comunica quem somos e como percebemos o ambiente ao nosso redor. Uma pessoa séria, coerente e responsável tem, portanto, mais chances de conquistar admiração e boas parcerias, porque transmite a confiança na qual o mercado se baseia para estabelecer trocas e fazer negócios.

Quando se envolve trabalho, dinheiro e responsabilidade, um líder de qualquer área de atuação deve saber que sua palavra é sinônimo de compromisso, uma espécie de contrato assinado. Se eu erro — com um cliente, um parceiro, um fornecedor ou funcionário —, preciso me antecipar ao fato e assumir as consequências. Não me comporto como o esperto, não traio, pois sei que meu crescimento depende da força das relações nas quais estou inserido.

Assumir um estilo de vida não significa se esforçar para ostentar riqueza ou parecer mais do que se é — seja para impor respeito ou despertar inveja. A maior virtude de um líder está em ser autêntico, viver em equilíbrio entre o ser e o ter. Ele não ama o dinheiro. Ama a excelência de si mesmo e a própria vida e alcança a genuína satisfação por meio do impacto positivo que causa nas pessoas ao seu redor. Ou seja, trazendo para si um compromisso legítimo, ele direciona boa parte de seu foco de atuação no sentido de contribuir para o desenvolvimento das pessoas próximas, e é admirado por tal generosidade. Afinal, quem pode mais, tem mais para ensinar.

Um líder com um estilo de vida fiel às suas crenças e valores e coerente em seu comportamento consegue gerar confiança em todos aqueles com os quais mantém relações. Talvez isto seja uma de suas grandes qualidades, já que a economia é simplesmente uma psicologia de relação de confiança.

UM LÍDER COM UM ESTILO DE VIDA FIEL ÀS SUAS CRENÇAS E VALORES E COERENTE EM SEU COMPORTAMENTO CONSEGUE GERAR CONFIANÇA EM TODOS AQUELES COM OS QUAIS MANTÉM RELAÇÕES. TALVEZ ISTO SEJA UMA DE SUAS GRANDES QUALIDADES, JÁ QUE A ECONOMIA É SIMPLESMENTE UMA PSICOLOGIA DE RELAÇÃO DE CONFIANÇA.

PRIVILÉGIO DE INFORMAÇÃO ANTECIPADA E PRIVILÉGIO DE RELAÇÃO

Considero tão relevante este tema da confiança que desejo expandi-lo um pouco mais com você.

Um líder que inspire confiança em suas relações consegue conquistar dois privilégios que agregam bastante valor aos negócios de sua empresa: o privilégio de informação antecipada e o privilégio de relação. Para entendermos tais privilégios, conto a seguir algumas experiências vividas por mim.

A primeira é da época em que eu era adolescente e fã de *heavy metal*. Aos 14 anos, entrei para uma banda de *heavy metal* como baixista e vocalista. O entusiasmo pela música e minha paixão pela escrita logo me deram uma ideia: escrever um fanzine[21] sobre meu estilo musical preferido. Meu objetivo era entrar no circuito das bandas nacionais para, quem sabe, conseguir algum espaço entre elas.

Passei a fazer pesquisas para a revista e descobri pessoas nos Estados Unidos que desejavam trocar informações sobre bandas de outros países. Naquele ano, bandas de rock pesado nacionais como Sepultura e Ratos do Porão começavam a aparecer na mídia brasileira, despertando o interesse de fãs do *heavy metal*. Enxerguei no fato uma oportunidade de dar início a um intercâmbio de correspondências e informações, em que eu enviava para o lado de lá notícias e materiais sobre o cenário do Brasil, eles devolviam com novidades sobre o que estava rolando na música norte-americana.

---

21 Uma espécie de publicação nãoprofissional e nãooficial escrita por pessoas que gostam de determinado tema, dirigida para quem compartilha do mesmo interesse. A palavra vem da contração da expressão em inglês *fanatic magazine*. Em tradução livre: revista de fãs.

Na fanzine, eu sabia antes de todo mundo no Brasil as bandas que iam despontar do outro lado do Atlântico e comentava sobre esses artistas e seus hits ainda inéditos por aqui. Em um tempo sem redes sociais, ter aquele acesso exclusivo me colocou numa condição diferenciada no meio musical e, mesmo muito jovem e de modo amador, passei a ser uma importante fonte de referência em *heavy metal*. Ali eu já havia plantado a semente para entender anos mais tarde a importância de cultivar um privilégio de relação: ter acesso facilitado e um trânsito livre com pessoas que poderiam me ser úteis na realização de determinados interesses profissionais.

Validei essa teoria quando trabalhei na Telebahia. Era 1996 e eu havia escrito meu primeiro livro *(Banco de dados com Delphi*[22]*)*, que desejava divulgar na imprensa. Procurei um importante jornal local, solicitando uma nota sobre a publicação, mas não consegui a menor atenção.

Por força de movimentações profissionais, algumas semanas depois ingressei no quadro de colaboradores de uma grande empresa de consultoria em TI que estava em plena fase de ascensão no país. Resolvi tentar um novo contato com os jornalistas. Dessa vez, me apresentei como coordenador de projetos recém-contratado pela companhia que estava despontando no mercado. O resultado foi que meu livro ganhou uma matéria de meia-página. O que mudou em tão pouco tempo o interesse deles por mim? A convicção de que eu seria um importante meio para exercerem um privilégio de informação antecipada com a empresa em que eu estava trabalhando.

Com a FCamara não foi diferente. Um fato marcante na nossa trajetória foi a escolha do BTG Pactual como parceiro de negócios.

---

[22] CÂMARA, Fábio; NOVAES, Hugo. **Banco de dados com Delphi**. São Paulo: Visual Books, 1996.

Quando abrimos oportunidade para que o mercado comprasse debêntures da nossa companhia, criei condições para que o BTG Pactual tivesse interesse em investir nos nossos títulos. Eu sabia que eles trariam algo valioso para nossa empresa; além da flexibilidade necessária para tocar projetos sem burocracia, trariam o privilégio da informação antecipada e o privilégio de relação.

Isso porque o BTG Pactual conhece, antes da maioria dos *players* do mercado, o que está acontecendo no cenário econômico, financeiro e político do Brasil. Ter o acesso prévio a esse tipo de informação qualificada nos ajudaria a prever situações e a tomar decisões mais acertadas.

Do outro lado das vantagens, veio o privilégio da relação. Explico. A economia nada mais é do que uma psicologia de relação de confiança. Para fazer negócios bem-sucedidos, as partes envolvidas devem acreditar umas nas outras; deve existir total confiança entre quem está comprando e quem está vendendo. Sob tais aspectos, ter alguém de referência validando seu trabalho torna-se uma vantagem competitiva. Dizer que o BTG Pactual é nosso sócio e tem um percentual da companhia conferiu à FCamara um lastro poderoso no mercado de TI.

No Brasil, ainda há uma grande hipocrisia sobre esses dois comportamentos. O empreendedor nacional permanece tão preso, por exemplo, à ideia do "meu cliente" que, se você se aproxima, ele imagina que você quer lhe roubar o cliente. Esse é um pensamento bastante equivocado. O cliente pertence ao mercado. Ele será fiel a quem prestar o melhor serviço. Ao se recusar a estabelecer relações com seus pares por medo de perder espaço, esses empreendedores deixam de cultivar uma importante rede de relacionamentos que pode ser fundamental para seu negócio.

Um líder facilita a própria vida e abre portas se souber desenvolver, de maneira intencional, parcerias que lhe proporcionem informações antecipadas e privilégio de relação. Há um debate sobre a ética em torno desse comportamento, porém, se o processo é transparente entre as partes, todos concordam que há interesses envolvidos e se valem desse pressuposto, e assim sendo não deveria caber julgamento de ordem moral.

Não tenho qualquer problema em estabelecer critérios para definir as relações profissionais estabelecidas sob tal contexto. O primeiro aspecto que observo é sobre a qualificação: em qual assunto aquela pessoa pode ser interessante para me recomendar, orientar ou indicar? O segundo é o critério do escopo: para que área preciso da ajuda de determinada relação? O que estiver fora disso entra no rol das relações pessoais de amizade.

Em 15 anos de FCamara, esses dois pilares nos guiaram a crescer no mercado com uma ficha limpa. Não entramos em brigas nas redes sociais, nunca judicializamos clientes — mesmo tomando calotes financeiros. Todas as situações de embates e discordâncias são realizadas de modo privado. Acreditamos que esse cuidado com nossa imagem pública é um balizador para a percepção de relação de confiança e um importante capital social para ser mantido em alta.

No próximo capítulo, convido você para voltarmos nossa atenção a alguns aspectos fundamentais sobre a relação das pessoas que trabalham para você com a sua empresa.

CAPÍTULO 5

AS 4 FASES NA RELAÇÃO COM A EMPRESA

Se, no capítulo anterior, eu detalhei as quatro características que considero fundamentais para ser um líder de negócios vencedores, neste vou abordar as quatro fases de um profissional em sua relação com a empresa. Esses conceitos são reflexões autorais das minhas pesquisas de campo com base (ou inspirações) em grandes pensadores da psicologia como Freud, Adler e Meneghetti, e da administração, como Maslow e Collins. Reitero que não sou um teórico, portanto, minhas reflexões e visões são fruto de uma experimentação livre de metodologia científica.

Em princípio, talvez você associe essas fases à faixa etária do profissional ou à sua senioridade profissional (júnior, pleno, sênior ou expert). Esse tipo de classificação, no entanto, causa um desvio do entendimento, pois reforça estereótipos de que os iniciantes, por exemplo, sempre se comportam de uma determinada maneira.

O que eu trago, na verdade, é uma análise sobre o nível de maturidade estratégica na relação entre pessoa e empresa. São pensamentos-base utilizados como critérios que definem as atitudes mentais fixas que, por sua vez, resultam em comportamentos esperados. Vejamos.

A "GRANDE MÃE"

Quando crianças, as pessoas são ensinadas, sobretudo na primeira infância[23], a viverem superprotegidas dos riscos e numa dialética de aprender a se destacar para conseguir um primado de amor e atenção. Não costumo encontrar facilmente famílias que contrariem essa visão e eduquem os menores a resolver sozinhos problemas que estejam ao alcance deles.

Se uma criança cai no chão, por exemplo, o mais comum é ver pais ou responsáveis rapidamente se levantando para ajudá-la. Essas pessoas não entendem que é mais inteligente esperar para ver se a criança é capaz de se erguer por conta própria, porque assim ela aprenderá que cada dificuldade superada pode ser uma etapa vencida na escola da vida — e o potencial de se tornar no futuro um adulto mais preparado para enfrentar adversidades aumenta bem.

Eu pouco entendo sobre destino ou determinismo, mas sei que nasci numa família pobre de tudo, principalmente em relação a algo que vamos ver mais adiante: a pobreza de espírito. A maior parte dos exemplos aos quais eu tinha acesso estavam associados ao fracasso. Além disso, cresci em ambientes tidos como perigosos. Apesar do cenário ruim, provavelmente foi esse "antimodelo" de estar no mundo que me preparou para futuramente aguentar as pressões, dores e frustrações de ser um empreendedor.

Naquele tempo, porém, eu ainda não tinha consciência disso. Vivia de maneira limitada e medíocre. Aos vinte e cinco anos de idade, quando percebi que eu quase nada sabia e precisaria começar minha vida, iniciei a minha virada. Os anos seguintes foram intensos: buscava respostas sem saber direito quais eram as perguntas.

---

23 Segundo muitos renomados psicólogos e pedagogos, a primeira infância dura até os seis ou oito anos de idade.

DEMOREI A CONCLUIR QUE NÃO EXISTE GRANDEZA SEM SACRIFÍCIO — PALAVRA CUJA RAIZ ESTÁ EM "SACRO OFÍCIO", OU SEJA, UM TRABALHO SAGRADO, AQUELE QUE TRAZ BENEFÍCIOS PARA ALÉM DE SI; E PORQUE É SAGRADO PODE NOS TORNAR GRANDES. SACRIFÍCIO, PORTANTO, NÃO DEVE SER PERCEBIDO COMO SOFRIMENTO, MAS COMO UMA PASSAGEM NECESSÁRIA PARA CONSTRUIR A PRÓPRIA GRANDEZA.

Aos trinta, os resultados vieram. Nessa época, eu já compreendia a importância de reescrever tudo aquilo que eu acreditava sobre a vida, meus modelos, crenças e convicções.

Demorei a concluir que não existe grandeza sem sacrifício — palavra cuja raiz está em "sacro ofício", ou seja, um trabalho sagrado, aquele que traz benefícios para além de si; e porque é sagrado pode nos tornar grandes. Sacrifício, portanto, não deve ser percebido como sofrimento, mas como uma passagem necessária para construir a própria grandeza.

É por meio das dores que crescemos. Existem desafios que precisam ser superados na individualidade, não existe nem mãe, nem pai, nem outros que possam ajudar. Para ser íntegro e sensato, todo profissional tem de atuar de modo solitário na construção de si. Estes desafios são construções pessoais que ninguém pode fazer por você, como, por exemplo, vencer o medo do escuro e ou vencer o medo de contrair dívidas.

Quando entrevisto alguém para uma das minhas equipes e escuto o candidato afirmar que não se sentiu reconhecido em nenhuma das empresas por onde passou, diplomaticamente concluo a reunião e sinalizo ao departamento de Recursos Humanos para que não o contrate.

Para mim, é uma postura infantil esperar que as empresas reconheçam nosso valor, quando essa questão deve ser tratada de forma matemática através dos resultados e ganhos que a nossa atuação gerou para elas. Não se trata de o quanto nos dedicamos ou nos esforçamos. São os números que validam tudo.

Pensar que a empresa deve considerar nosso esforço, empenho e dedicação é estarmos presos à fase da "Grande mãe". Há, portanto, um desejo latente de que nosso líder cuide de nós de maneira maternal ou como se fosse um irmão mais velho.

Talvez essa postura possa ser acatada em organizações pequenas, onde exista um excesso de pessoalidade dos profissionais com os líderes, ou em casos de primeiro emprego, em que o profissional confunde as expectativas de primado de atenção de sua família com o ambiente de trabalho. No entanto, em companhias administradas com seriedade empresarial, esse comportamento não é tolerado, afinal, empresas não são casas e gestores não são familiares.

Ainda nessa fase da "Grande mãe", é comum existir uma atitude de espera por justiça social, como se alguém ou alguma entidade externa fosse responsável em prover as necessidades e resolver os problemas alheios. Isso advém de um inconsciente coletivo no qual a ideia é que cabe ao Estado garantir os mesmos direitos para todos. Embora o Estado devesse oferecer certas condições essenciais para o bem-estar da população, na realidade muitas de suas práticas contribuem para incentivar milhões a um comportamento de dependência e "coitadismo", o que desestimula a autonomia e a autorresponsabilidade. Quando o comportamento de dependência da média torna-se mais importante do que a individualidade, corremos o risco de cair na mediocrização.

Uma pessoa que não quer depender de ninguém e não deseja viver por empréstimo e ter sua vida controlada por alguém externo não pode esperar pela justiça social, ou fatalmente se tornará um frustrado e falido.

Somente por meio do próprio trabalho se ganha a excelência da dignidade, da autonomia econômica e da liderança. Não entender este fundamento é permanecer na fase da "Grande mãe" para sempre. E pior, cair na armadilha de se tornar incapaz.

DICA DO AUTOR: A SOCIEDADE QUE PROTEGE E PERDOA CONSEQUENTEMENTE NÃO DEIXA CRESCER.

A "PESSOA-HORA"

Depois de entender que não serei medido e recompensado com a lógica do amor incondicional da mãe, a próxima fase passa a ser centrada na profissão. Nessa etapa, que intitulo de "Pessoa-hora", vem o entendimento de que aquilo que sei fazer tem um valor de mercado. A lógica é simples: quanto mais competente eu for, maior será o valor da minha hora; e quanto mais horas eu trabalhar no mês, maior será o valor do meu salário.

A primeiríssima regra desse jogo está na compreensão de que devemos ser sérios e gerenciáveis. Temos, para isso, que retornar ao aprendizado recebido na infância sobre a importância da obediência — sem, contudo, contar com o perdão sempre disponível da "mãe" e a possibilidade de não ter de realizar as tarefas.

Na corporação em que trabalhamos, não concluir o que nos foi delegado como atividade de trabalho é considerado uma desobediência. Como consequência, não ficaremos de castigo, mas certamente seremos punidos com a falta de confiança dos colegas de empresa. E caso persista a inabilidade em atender aos prazos definidos, cedo ou tarde seremos demitidos — a não ser, obviamente, que tenhamos um protetor dentro da organização conivente com nossas falhas.

Outra característica elementar da "Pessoa-hora" e do jogo corporativo é a diligência. Isto é, estar sempre em prontidão, ser rápida e ligeira, porém, ao mesmo tempo, zelosa e cuidadosa. Como qualquer oportunidade pode representar mais uma hora no salário, estar disponível e não ter preguiça significam maiores ganhos ao final do mês.

Nessa fase, enfim, tudo vira hora. Constantemente o profissional se pergunta se está sendo remunerado ou não para fazer algo. Vai parecer uma piada sem graça, porém, se essa "Pessoa-hora" estiver ano caminho do trabalho e sentir vontade de ir ao banheiro, talvez diga para si: "É melhor me segurar e aguentar firme até chegar à empresa, pois se resolver parar durante o trajeto, poderei me atrasar e assim não ganharei nada. Por outro lado, se for ao lavabo somente após passar a catraca e marcar o cartão de ponto, já estarei sendo pago somente por estar ali".

Esta, claro, é uma lógica limitada, pois ganhar por hora significa não perceber muito valor além do próprio esforço. Por isso, deve ser uma fase rápida na vida dos profissionais iniciantes ou das profissões sem exigências intelectuais.

Para sair da etapa da relação entre pessoa e empresa, o mais importante não é a quantidade de horas que você aguenta trabalhar — em algum momento, o exagero de esforço pode lhe trazer alguma doença física ou mental. O imprescindível é desenvolver uma habilidade profissional que lhe permita galgar os próximos passos de sua carreira.

Embora ter obediência, diligência e habilidade seja essencial, raramente essas competências criam demasiado valor. Vencer na economia exige muito mais. Uma organização precisa de pessoas com iniciativa, empreendedores[24] que sejam proativos, não esperem ser chamados e tampouco limitem sua atuação pela descrição de suas funções.

---

24 Empreendedor, nesse contexto, não são os donos das empresas. São, na verdade, os profissionais intraempreendedores que sabem quanto valor geram para as companhias em que atuam e provocam os demais com suas ideias, ações e resultados.

A "PESSOA-COMERCIAL"

Em nosso cotidiano não deveria haver espaço para desperdício de tempo com a chamada zona de conforto. Vale ressaltar que, quando uso esse termo, não estou fazendo uma alusão a descansar, relaxar e se permitir prazeres. Isso é um gigantesco engano. A compreensão sobre estar na zona de conforto é procurar um contexto de segurança e ficar inerte depois de alcançá-lo. Ou seja, dado que conquistei tal coisa, não quero mais me expor, correr riscos; quero ficar paradinho e protegendo o que já realizei.

A zona de conforto é uma projeção ilusória que fazemos do nosso "eu" ideal. Depois de conquistada, é protegida por uma quantidade quase infinita de mecanismos psicológicos para manter este ideal do "eu" como compensação, racionalização e projeção.

Para sermos verdadeiros e podermos avançar em nossa carreira, precisamos ser coerentes com nossa identidade e nossa missão projetual, o que significa sermos honestos com todas as capacidades necessárias para realizar nosso projeto individual. É aqui que entra o conceito da "Pessoa-comercial". É a fase da nossa relação com a empresa na qual finalmente compreendemos que tudo é uma capacidade de sabermos nos vender e nos dar valor. Por mais técnico e específico que seja um profissional, sem essas habilidades de autovalorização, de se fazer ser percebido, ele dificilmente conquistará a relevância vencedora que faz jus ao ganho e à promoção.

Na relação com a empresa, podemos ser considerados por valores subjetivos ou objetivos. No primeiro caso, os valores estão relacionados a um critério de mensuração não matemático, como cumplicidade. Já no segundo, o valor está baseado em algo concreto e mensurável, como o lucro no projeto "A" ou na venda para o cliente

"B". A diferença entre ambas as situações é que, nesta última, a valorização se torna inquestionável.

A "Pessoa-comercial" possui a maturidade para compreender a regra desse jogo corporativo e superou a ilusão de que ter uma formação profissional específica basta para brilhar dentro de uma companhia e garantir o pão de cada dia. Ela sabe que, para crescer, terá de trabalhar seu *personal branding* e se expor positivamente. Para isso, porta-se como mestre nas relações interpessoais.

Além disso, nessa fase, o profissional aprende a melhor maneira de acionar a teoria da "menor distância entre dois pontos". O que isso quer dizer? Em matemática, num projeto administrativo ou de engenharia, a menor distância entre um ponto e outro é sempre uma reta simples; em ciências humanas, não. Os advogados, psicólogos e vendedores, por exemplo, nunca podem ir direto ao ponto. Isso significa que, se você está vendendo uma nova ideia ou fazendo uma sugestão de mudança, é muito provável que seu público seja cético. Os investidores estarão à procura de furos em sua argumentação e os administradores, à caça de razões para se convencerem de que sua sugestão não vai funcionar. É assim a vida no mundo corporativo.

Quando vamos direto ao ponto, parecemos otimistas demais. Adam Grant,[25] um dos estudiosos mais influentes na área de recursos humanos, em seu famoso livro *Originais: Como os Inconformistas Mudam o Mundo*[26], escreveu: "Toda vez que eu enfatizava um ponto forte, as reações eram de ceticismo. Otimismo desenfreado

---

25 Adam M. Grant é um norte-americano autor de livros de psicologia e comportamento voltados ao universo da gestão e dos negócios, e professor da Wharton School, na Universidade da Pensilvânia, especializado em psicologia organizacional.

26 GRANT, Adam. **Originais**: Como os Inconformistas Mudam o Mundo. Rio de Janeiro: Sextante, 2017.

acaba parecendo puro discurso de vendedor. De alguma forma, soa desonesto e, assim, desperta ceticismo. Todo mundo é alérgico a essa sensação, receoso de que lhe empurrem algo ruim."

A "Pessoa-comercial", antes de ser ou parecer um vendedor, deve se mostrar como um empacotador: aquele que sabe dar uma percepção de valor maior nas coisas, por meio de um certo cuidado com os detalhes na apresentação e na embalagem. Em resumo, sabe criar uma expectativa elevada sobre seu produto ou serviço.

Depois de aprender a dominar a arte do empacotamento, o profissional, nessa etapa, deve se esforçar para ser um construtor de relações de confiança; deve conquistar seu cliente-alvo como se fosse um conselheiro ou um amigo que dá dicas sempre úteis. Em hipótese alguma, pode parecer um vendedor comum.

Se a profissão envolver um serviço técnico, será fundamental se apresentar — e corresponder a isso — como um especialista no tema. Se envolver um produto, deverá ser profundo conhecedor e usuário do item em questão. Essas habilidades projetam uma imagem de imparcialidade e de solução íntima a um eventual problema, transmitindo a ideia de que essa "Pessoa-comercial" viveu pessoalmente a mesma situação.

Portanto, a "Pessoa-comercial" não é um vendedor, pois não parece ser; entretanto, na prática, é o melhor de todos os vendedores. A "Pessoa-comercial" não é um marketeiro, pois não parece ser; porém, na realidade, é um excelente marketeiro de si mesmo, do que sabe fazer, da divulgação dos seus resultados e de quanto isso vale para a empresa.

A "PESSOA CORE BUSINESS"

O filósofo chinês Confúcio[27] acreditava que a marca característica da excelência de alguém era a disponibilidade de pôr o próprio ego em segundo plano. Para ele, sem a vaidade para contaminar os critérios a serem utilizados nas escolhas, os índices de acertos daqueles que têm a coragem de fazer as próprias escolhas superavam a média das pessoas, as quais se deixavam controlar pelo próprio ego. Na sua visão, eram poucos e raros aqueles capazes de analisar as situações como elas realmente se apresentavam e capazes de decidir com base na sabedoria e no bom senso, e não a partir de emoções e vaidades. Além disso, Confúcio defendia que um indivíduo realizado procura o que existe dentro de si, enquanto os frustrados buscam o que está nos outros.

Tais conceitos nos levam à última característica a ser analisada: a "Pessoa core business". Por princípio, nesta etapa o profissional é um profundo interessado em autoconhecimento e toma decisões segundo sua própria identidade. Ele sabe que, para entregar um resultado primoroso, só há um caminho: ver sentido no projeto a ser executado, colocar o máximo comprometimento em realizar o trabalho com eficácia e eficiência, considerando sempre as necessidades do cliente, e ter o máximo de responsabilidade em suas ações como ponto de partida em vez de ponto de chegada.

A "Pessoa core business" vive na prática a relevância de uma constante abertura para o aprendizado, o novo, o original e o inédito. Ela tem a consciência de tudo o que é e consegue estar em permanente movimento de transcender, buscando fazer melhor

---

27 Nascido em 552 a.C. e falecido em 489 a.C., Confúcio foi um pensador e filósofo chinês do Período das Primaveras e Outonos. Sua filosofia destacava e incentivava uma moralidade pessoal e governamental e os procedimentos corretos nas relações sociais, como a justiça e a sinceridade.

aquilo que faz e adicionando camadas subjetivas ao que já existe e funciona. Seu autoconhecimento lhe dá ferramentas para escolher, nos negócios, caminhos sem limites ou fronteiras — e até mesmo sem nome, pois não tem medo da folha em branco.

Com esse nível de maturidade, o profissional é um diplomata nas suas relações otimais, pois as faz sempre em coerência com uma intencionalidade vencedora para si e os demais. Também vive comprometido com todas as normas sociais e é zeloso com seu estilo de vida particular, tomando cuidado para não expor comportamentos que provocariam inveja ou receio nos outros.

Ainda sobre core business, gosto muito de uma máxima dos antigos tempos romanos que diz: quem intenciona e faz muitas coisas é pequeno em cada uma delas. Já os grandes nomes da história da humanidade poderiam até ter múltiplas competências, mas foi a especificidade de uma delas que os fizeram entrar para a história e marcar o tempo com alguma descoberta ou invenção. Em outras palavras, aquela pessoa que faz tudo não consegue ser competitiva e competente em algo que vai traduzir o seu valor.

A DIFERENÇA ENTRE AS FASES

Na fase da "Grande mãe", o profissional tem um pensamento fixo no reconhecimento e na atenção. Ele espera que a companhia o considere especial, independentemente dos seus resultados; deseja ser medido pela intenção e pela disponibilidade, e ser acolhido em suas frustrações quando não alcançar as metas combinadas.

O vitimismo é um comportamento muito comum nessa etapa. Com frequência, ouvimos frases como "As empresas pelas quais passei nunca me deram oportunidades de fato para que eu pudesse realizar meu potencial".

Na transição da "Grande mãe" para a "Pessoa-hora", essa atitude mental se transforma em: "Quero ser medido pelo meu esforço empregado. Se trabalhei 40 horas, quero receber por 40 horas." É uma dinâmica de taxímetro, na qual a variação do valor da corrida depende de agentes externos, como o trânsito.

A pessoa que está nesta fase acredita que, para ganhar mais, deverá estar disponível por mais horas. Quando isso acontece, como verificado em tantos casos, ela tende a piorar sua produtividade conscientemente — ou inconscientemente, uma vez que eu ainda acredito nas boas intenções dos indivíduos —, pois parte do seguinte princípio: "Quanto mais horas eu demorar para fazer tal atividade, mais irei receber de salário. Logo, ser produtivo é receber menos, ser improdutivo é ganhar mais."

Eis a principal diferença de "Pessoa-hora" para a "Pessoal-comercial", que vem logo a seguir na régua da evolução. Esta última entende que vale mais ganhar pelo produto resultante do seu esforço do que pela medida do seu esforço somente. Funciona assim: eu trabalhei 40 horas, ganhei R$400,00 por isso, e gerei um produto que pode ser vendido por R$ 600,00. Logo, concluo que é melhor ser recompensado pelo valor gerado pelo produto final do meu trabalho do que pelo esforço despendido para executá-lo.

Nessa etapa, a percepção sobre produtividade ganha uma nova forma. Imaginemos a seguinte situação: "E se eu conseguir produzir o mesmo item citado acima em 30 horas"? Meu resultado, obviamente, será ainda mais satisfatório.

A "Pessoa-comercial" sabe que é medida pelo valor que consegue atribuir ao produto resultante do seu trabalho. Saem, portanto, as técnicas de engenharia, e entram as técnicas de influenciar, de valorizar algo e de saber como vender.

Um exemplo para ficar mais claro: determinado mestre de obras vivia honestamente do seu trabalho de organizar poucos pedreiros, encanadores e afins em projetos de reformas na construção civil. Ele estava em crise, pois não sabia o motivo de não conseguir ganhar dinheiro, apesar de calcular e vender tudo de maneira correta.

Aproximei-me dele para tentar ajudá-lo e descobri que ele estava na fase "Pessoa-hora", isto é, cobrava por hora de seus clientes. No entanto, seus profissionais eram lentos e improdutivos e a percepção dos clientes sobre os resultados era péssima. No fim, a obra era interrompida ainda na metade ou, quando concluída, deixava uma péssima impressão, de modo que o cliente dificilmente contrataria aquele mestre de obras em novas oportunidades.

Expliquei para aquele profissional sobre a importância de mudar de fase na relação com sua equipe e seus contratantes. Propus-lhe passar a medir tudo pelo resultado e pelo valor do produto gerado, e não mais meramente pelo esforço. Fizemos o seguinte: no orçamento de uma nova obra, o esforço que calculamos duraria três semanas e envolveria quatro profissionais. Combinei de separarmos aquele serviço em duas frentes, uma orientada aos clientes e outra voltada aos seus funcionários.

Para o cliente, vendemos um projeto fechado, com preço fixo correspondente a trinta dias (ou quatro semanas) de trabalho. Se a obra demorasse mais do que isso, sem a ocorrência de solicitações de mudanças do cliente, não haveria ajustes no preço tratado.

Já para o time, combinamos que eles receberiam os valores da seguinte forma: se a obra terminasse em duas semanas, pagaríamos R$ 2.600,00 reais para cada trabalhador que conseguisse concluir sua parte totalmente. Se terminasse em três semanas, pagaríamos R$ 2.800,00; e se chegássemos ao fim da obra em quatro semanas, todos ganhariam R$ 3.000,00. Caso ultrapassassem o limite das quatro semanas, todos iriam dividir os prejuízos, pois não receberiam nada a mais pelos dias de atraso gerados por eles próprios.

Iniciado o projeto, visitávamos as obras todos os dias e aproveitávamos para explicar aos trabalhadores a vantagem de ganhar R$ 2.600,00 reais em duas semanas, ou seja, mostramos a eles que trabalhariam menos tempo, ganhariam bem mais por hora do que nos cenários de três e quatro semanas e imediatamente poderiam começar um novo trabalho. Esse era o valor de ser verdadeiramente produtivo e ter o foco no resultado final. O plano deu certo: a construção se concluiu em duas semanas e meia, os profissionais foram bonificados e, pela primeira vez, o mestre de obras viu algum valor em suas mãos.

Viver essa etapa intermediária é fundamental para se preparar para o que vem a seguir: a evolução para uma "Pessoa core business". A diferença, no caso, é muito simples. Se a "Pessoa-hora" é recompensada pelo seu esforço em termos de tempo e a "Pessoa-comercial", pelo produto do seu esforço, a "Pessoa core business" tem seu valor percebido unicamente pelo resultado da sua inteligência.

Como saber se estou nessa fase? O melhor indicador é observar os salários diretos e indiretos. Além do dinheiro no bolso, esse profissional recebe de volta benefícios imensuráveis como realização pessoal, orgulho do próprio trabalho, recomendações frequentes de seus clientes e admiração de seus liderados.

DICA DO AUTOR: SE VOCÊ ESTÁ EM UM EMPREGO POR SEGURANÇA, PROVAVELMENTE ESSE EMPREGO NÃO TE PROPORCIONA CRESCIMENTO.

SOMOS PROTAGONISTAS DAS NOSSAS HISTÓRIAS

Há algum tempo, tive acesso a um texto cuja autoria desconheço. Tampouco sei se a história é real, todavia, considero-a bastante útil para ilustrar esse contexto que envolve as relações entre pessoas e empresas.

O texto diz o seguinte: uma jovem de 35 anos procurou um psicólogo com a queixa de que nada dava certo na sua vida. Tudo aquilo em que ela se envolvia terminava de maneira insatisfatória tanto para si quanto para as outras partes envolvidas na situação. Resolveu que tentaria se curar na terapia.

Já na terceira sessão, a moça recebeu alta. Foi o tempo suficiente para ela compreender: o problema dela era ela mesma. Não era uma questão do destino, determinismo, carma ou qualquer outra coisa fora do seu alcance. Essa simples revelação a fez perceber que ela poderia mudar seus comportamentos — e resultados — dali por diante.

Esse entendimento é crucial para a relação entre pessoa e empresa. Ou compreendemos nossa responsabilidade no processo de autoconhecimento ou recaímos em vitimização, no erro da "Grande mãe" ou em pura autossabotagem. Protagonizar nossa história em qualquer contexto, seja na família ou no trabalho, é uma escolha diária. É deixar de se enxergar como objeto e passar a agir como sujeito.

De que adianta uma competência disponível, potencial ou já evidenciada, se não pudermos protagonizar as relações com nossa empresa ou com o projeto no qual atuamos? E sermos protagonistas, deixo claro, não é sinônimo de termos "superpoderes ou alguma qualidade rara que apenas poucos privilegiados detêm". Sermos protagonistas é não fugir das nossas responsabilidades e decidir, diariamente, praticar os verbos aprender, agir e progredir em vez de fugir e estacionar.

Quando somos responsáveis por tudo o que acontece em nosso entorno, não devemos aceitar gorjetas ou esperar por gratuidades. Existe um tempo necessário para o potencial se transformar em realização e nunca devemos antecipar isso. Quer estragar um talento iminente? Premie-o sem mérito.

Jamais um possível talento deve ser pago por aquilo que vale o seu potencial, mas sempre e apenas por aquilo que consegue fazer naquele determinado momento da sua vida. E, do mesmo modo, jamais deve ser colocado em posições hierárquicas diferentes daquelas que as suas racionais capacidades técnicas permitem. As gratuitas gratificações de uma inteligência são um poderoso veneno para o seu amadurecimento profissional.

JAMAIS UM POSSÍVEL TALENTO DEVE SER PAGO POR AQUILO QUE VALE O SEU POTENCIAL, MAS SEMPRE E APENAS POR AQUILO QUE CONSEGUE FAZER NAQUELE DETERMINADO MOMENTO DA SUA VIDA. E, DO MESMO MODO, JAMAIS DEVE SER COLOCADO EM POSIÇÕES HIERÁRQUICAS DIFERENTES DAQUELAS QUE AS SUAS RACIONAIS CAPACIDADES TÉCNICAS PERMITEM. AS GRATUITAS GRATIFICAÇÕES DE UMA INTELIGÊNCIA SÃO UM PODEROSO VENENO PARA O SEU AMADURECIMENTO PROFISSIONAL.

DICA DO AUTOR: GRATIFICAR POTENCIAL É UM ERRO, POIS PATROCINA A PREGUIÇA.

ALERTAS SOBRE PERIGOS

Os colaboradores fidelíssimos ocupam sempre as posições de destaque na lista particular que chamo carinhosamente de "Possíveis preocupações com o perfil comportamental dos integrantes do nosso time". Sem dúvida, fidelidade é uma característica desejada na maioria das relações — apesar da minha preferência ser por cumplicidade e confidencialidade. O problema é que os fiéis cobram caro por sua devoção, normalmente exigindo uma reciprocidade igual e substituindo outras características importantes, como, por exemplo, o desempenho.

Em outras palavras, o exageradamente fiel acredita que isso basta; não precisa de resultados ou de empenho. Em minhas experiências, constatei resultados ruins, não funcionais ao time e aos projetos em que esse fidelíssimo atua; por isso, quando eu o identifico, normalmente opto pela substituição do profissional.

Os fidelíssimos confundem os valores comportamentais saudáveis e necessários para o desempenho da equipe, subsidiam uma dinâmica de puxa-saquismo que não é motivadora aos demais integrantes e que não é agregadora ao desenvolvimento do projeto.

Quando penso no time que considero ideal, um outro ponto de preocupação são os membros de desempenho mediano. A lógica da visão que desenvolvi para esse grupo é simples: com os muito bons em performance, em iniciativa e em atitude, devemos ter uma atenção especial na maneira como estabelecemos uma relação ganha-ganha. Pois, se há equilíbrio, certamente será uma parceria duradoura. Já os muito ruins se destacam rapidamente, rompem com as expectativas e são desligados. Os medianos, entretanto, fingem-se de mortos, vão vencendo a barreira do tempo e, quando menos esperamos, estão ocupando um espaço em que não atuam como protagonistas. Acredito que temos duas escolhas para os medianos: alinharmos expectativas, dando a eles a chance de melhorarem seu desempenho, tornando-se realizadores de fato. Se não corresponderem, devem ser trocados.

Há quem defenda que precisamos dos medianos, pois uma equipe formada apenas por estrelas não funciona bem enquanto grupo. Eu, no entanto, prefiro provocar todos para que não fiquem estagnados, escolhendo deliberadamente um comportamento binário entre a atitude e a não atitude. Acredito que o papel do líder é identificar os que fazem acontecer e os que não fazem, os que querem trabalhar com foco em resultados e os que não querem. E trocar os que não fazem e não querem.

Quaisquer sentimentos de estabilidade são perigosos nas relações entre pessoas e empresas, pois criam um entendimento de que as pessoas são indispensáveis e que a companhia não funcionaria sem elas. Como consequência, surge a chantagem como mecanismo de proteção.

O fato é que somos todos importantes e únicos. Trazemos particularidades inéditas que constroem, somam ao conjunto, e resultam numa matemática na qual um mais um é igual a dois: a organização e eu somamos, minha esposa e eu somamos. Não obstante, isso não significa que essa adição acontece exclusivamente comigo. Outros podem somar em menor relevância ou em maior intensidade — e isso é indiferente, porque o importante é a consciência de que nada ou ninguém é insubstituível. Se eu morrer hoje, certamente as pessoas que gostam de mim ficarão muito tristes, mas a vida seguirá seu curso.

Minha recomendação prática para lidar com os que se acham indispensáveis é não ceder à chantagem. Por mais que pareça radical, não entre nesse jogo cruel. Não permita que uma pessoa chantageie você com transferência de culpa, ameaças ou sequestros emocionais. Aguarde um momento em que os ânimos não estejam acentuados para propor entendimentos entre as partes e o retorno à saúde da relação, do contrário, deixe-a partir. Parafraseando um ex-sócio: é melhor um fim terrível do que um terror sem fim.

Nosso foco de atenção no próximo capítulo será tratar das 4 fases da autonomia que tornam ótimo um profissional, um empreendedor e um líder.

CAPÍTULO 6

AS 4 FASES DA AUTONOMIA PARA SE TORNAR UM PROFISSIONAL, UM EMPREENDEDOR OU UM LÍDER ÓTIMO

Este capítulo é um presente de um amigo que nem sabe o quanto me ajudou. Ele foi meu contador e mentor nos primeiros anos da nossa companhia; um professor dedicado e hiper bem diplomado. Eu conversava muito com ele sobre o quanto estava difícil administrar a empresa nos primeiros anos e ele me respondeu com um jeitão meio sarcástico que nunca esqueci:

— Você está com uma crise de autonomia, caro Fábio!

Em outras palavras, ele se referia a minha ansiedade de querer fazer coisas demais com recursos e possibilidades de menos. Eu sofria, não entendia, não encontrava respostas para tamanha inquietação. Resolvi então pesquisar o sentido da palavra autonomia no dicionário e em vários outros títulos da literatura. As pesquisas me levaram a formular uma teoria no auge do meu momento indutivo. Dali em diante, fiz verificações práticas, aprimorei o conhecimento e passei a ensiná-lo aos líderes da nossa companhia. Todo esse percurso me leva a afirmar que tenho uma teoria funcional utilizada no cotidiano dos gestores do nosso grupo de empresas.

Pretendo, um dia, presentear aquele amigo com este livro e contar o quanto ele me inspirou. Atualmente ele mora com sua família em outro estado, perto da praia, aproveitando as benesses de um estilo de vida que lhe permite continuar estudando e produzindo o conhecimento que ele tanto ama compartilhar.

Vou explicar esta minha teoria autoral como uma narrativa em primeira pessoa, considerando que eu fui minha própria cobaia, o experimento inicial antes de aplicá-lo aos demais validadores dessa hipótese. Os casos citados a seguir são reais. Fui o ator e também a testemunha. Porém, antes de tudo, vamos revisitar rapidamente um conceito da FOIL sobre base econômica.

BASE ECONÔMICA

A base econômica é a liberdade, a autonomia, o direito de ser como se é. Se a pessoa não tem seu dinheiro, não pode fazer o que deseja, pois está sempre sob empréstimo, ou seja, em situação de dependência de outro. A base econômica, no entanto, não é constituída por quanto recurso financeiro existe na conta bancária — porque isso já é seu efeito —, mas é o ambiente de trabalho, o lugar onde a pessoa exerce seu ofício e garante sua renda contínua. Gosto de pensar também que é a pequena mina da qual se extrai a própria riqueza cotidiana. Pode ser entendida ainda como aquilo que sabemos fazer e proporciona a entrega de valor ao mercado.

Guarde bem essa informação e tenha em mente que você só poderá abandonar sua base econômica após ter constituído outra. Ir contra esse ponto é um equívoco comum entre os profissionais que ainda não se encontraram dentro de um projeto subjetivo de realização.

Trago aqui o caso de uma pessoa que, com sua graça e capacidade de se relacionar, conduzia com maestria um time de recrutamento e seleção. Na sua natureza, havia uma profunda necessidade de relação com seus círculos de convivência. Quando estava na empresa, transmitia alegria e colhia liderados comprometidos; contudo, quando ficava em casa, sentia-se muito sozinha.

Por um desencontro qualquer de expectativa, essa pessoa vislumbrou migrar de carreira e decidiu entrar em um recém-formado departamento de cultura. Em vez de se relacionar com muitos, passou a atuar numa área onde havia somente mais um profissional e uma diversidade de trabalhos que precisavam ser realizados com foco e concentração.

Apesar de, como contextualizado, parecer óbvio que a mudança não iria funcionar, aquela pessoa não enxergava assim de maneira tão clara. Porém, seu maior equívoco foi fechar as portas para si no ambiente de recrutamento e seleção, onde transitava com muito êxito, para assumir um campo que ainda não dominava. Abandonou, portanto, sua base econômica antes de ter formalizado uma nova.

Também já presenciei outros abandonos de base econômica, como, por exemplo, largar tudo para se viver um amor. É muito comum uma pessoa encontrar outra que altera a sua proporção de interesses, e assim substituir a prioridade da lógica econômica pela prioridade da lógica sentimental. Muitos profissionais incríveis acabam encontrando sua ruína econômica por causa disso. Se tiverem, todavia, o cuidado de preservar alguma centelha do que sabem fazer de fato, terão a chance de encontrar forças e recomeçar do zero com humildade.

A construção da nossa base econômica formaliza-se por cinco elementos básicos:

1. **Um diploma:** o título acadêmico é um instrumento que nos orienta em um grupo de relações e, em alguns casos, atende a exigências do mercado. Na maioria das profissões modernas atuais, valoriza-se mais o saber fazer do que o "canudo", mas ele ainda é um importante requisito para dar legalidade ao que se faz;

2. **Fluência em outros idiomas**: saber pelo menos uma língua estrangeira, além de dominar a nativa, é uma exigência contemporânea. A globalização das profissões tem tornado o inglês e o espanhol praticamente requisitos obrigatórios;

3. **Habilidade tecnológica**: o analfabetismo tecnológico é um problema da modernidade, pois se espera que, daqui a algum tempo, tudo será digital. Para os jovens da classe média, que já nasceram conectados, isso não é um problema, mas para as classes rurais mais pobres e os profissionais de idade mais avançada, computadores e internet ainda são um enorme desafio;

4. **Especialização em um campo de interesse:** é fundamental se manter em um processo prolongado de aprendizado, estudando assuntos de interesse por meio de formações especialistas, cursos rápidos e eventos que tragam uma eficiência de ganho constante e contínua atualização ao nosso "saber fazer";

5. **Capacidade de falar em público e reforçar a própria imagem:** os comunicadores em geral conseguem garantir melhores oportunidades e destaque no mercado quando comparados com profissionais mais introspectivos e tímidos, ainda que boa parte desses sejam mais competentes. A habilidade de se relacionar e de posicionar-se com assertividade é muito valorizada no âmbito corporativo.

Os cinco elementos acima são fundamentais para se criar uma verdadeira base econômica. De posse deles, uma pessoa pode estruturar sua formação profissional para entrar no mundo econômico não como um parasita, necessitado por emprego, mas como alguém que entende o trabalho como um exercício para realizar suas ambições, seja servindo a uma empresa ou conduzindo o seu próprio negócio.

Fazendo uma análise de algumas pessoas que chegaram ao sucesso, como, por exemplo, o líder de negócios Guilherme Benchimol — criador da XP Investimentos e responsável por uma grande revolução no mercado financeiro brasileiro —, nota-se que são indivíduos que investiram em sua base econômica e assumiram plena autorresponsabilidade pela construção de suas carreiras e negócios, articulando-se com inteligência e prudência.

No início da nossa trajetória, até conquistarmos o nirvana das nossas autonomias, sobre as quais falarei a seguir, o melhor que podemos fazer para nos desenvolver é encontrar e servir a um bom patrão. Se temos raiva da empresa e divergências com nosso líder, devemos procurar outro caminho, outra organização ou até mesmo outra maneira de ganhar o sustento, porque onde não há sinergia só se constrói frustração.

SE TEMOS RAIVA DA EMPRESA E DIVERGÊNCIAS COM NOSSO LÍDER, DEVEMOS PROCURAR OUTRO CAMINHO, OUTRA ORGANIZAÇÃO OU ATÉ MESMO OUTRA MANEIRA DE GANHAR O SUSTENTO, PORQUE ONDE NÃO HÁ SINERGIA SÓ SE CONSTRÓI FRUSTRAÇÃO.

AUTONOMIA DE SUSTENTAÇÃO

O princípio de tudo está na autonomia de sustentação, ponto da vida em que nos tornamos adultos e independentes. Antes disso, somos apenas o filho daquela família, o garoto daquele bairro, o aluno daquela escola.

Enquanto não nos sustentamos, todo esforço é válido para deixarmos de viver por empréstimo, pois alguém está pagando nossa "conta". Por isso, essa é uma fase de superação na qual o ânimo faz uma grande diferença, e é necessária uma dedicação extraordinária para romper uma situação de dependência financeira, psicológica e emocional. Mais adiante vamos explorar como nos livrar dessas dependências, mas já adianto que, das três, a financeira é a mais fácil de resolver.

Nessa fase — que inclui autonomia de vida ou da empresa —, tudo é investimento para ser revertido em si mesmo. É fundamental, pois, estarmos disponíveis, em termos de ação e esforço, para qualquer oportunidade que possa ser remunerada. Depois, caberá apenas à nossa inteligência transformar a pluralidade alcançada em resultados.

Eu ensaiei meus primeiros projetos de informática fazendo exercícios de livros. Com aquela base de conhecimento, eu comecei a dar pequenos passos, como implementar softwares de gestão em uma locadora de fitas de vídeo VHS. Porém, ninguém me reconhecia como programador; ninguém confiava que eu era um profissional de tecnologia da informação. Por isso, para me sustentar, eu topava diversos trabalhos extras, embora tivessem pouca relação com o que eu buscava para mim.

Uma amiga constantemente me chamava para segurar as luzes de uma equipe de filmagem em alguns eventos. Era cansativo adentrar pela madrugada nos finais de semana, mas eu estava lá — e às vezes ganhava como bônus as sobras de salgados e doces da festa! Em outras ocasiões, topava transportar coisas no carro — no subúrbio do Rio de Janeiro, isso se chamava "fazer carreto". Esse, sim, era um trabalho exaustivo e, mesmo na melhor fase muscular da minha juventude, eu me machucava com frequência enquanto carregava geladeiras ou máquinas de lavar.

Inconscientemente eu sabia o quanto era importante ganhar aquele dinheiro, porque me permitia comprar revistas de eletrônica e livros de tecnologia da informação. Isso era algo valioso numa época em que mal existia o acesso a ensinamentos gratuitos como temos hoje. Grande parte do que eu ganhava investia na minha formação.

Entre filmagens, carretos e tantos outros quebra-galhos, implementei um pequeno sistema de controle de cheques pré-datados e conquistei o primeiro cliente da minha vida profissional como programador de fato. Eu estava tão feliz! Era a realização da minha inteligência como profissão; não era mais uma questão de "força pela força", de fazer um esforço sem reconhecimento de valor. Eu estava, enfim, promovendo a diferença para uma empresa. Eu era autônomo, não tinha a carteira assinada, mas sabia que estava interagindo com o melhor patrão que pode existir na vida: o cliente.

Insisto na importância da capacidade de autossustentação antes de passar para a fase seguinte. Pela própria essência, um empreendedor não desiste facilmente do seu negócio e resiste sempre a "largar o osso". Por isso, corre o risco de passar a viver, no início, de uma expectativa irreal de que sua empresa (ou uma nova profissão) gerereceitas que lhe proporcionem sustento, o que podelevar a uma situação de autoengano, que se apresenta de diversas formas, como vaidade ou potencial que nunca se realiza. Portanto, antes de dar um passo maior, pergunte-se se as contas estão sendo pagas e se está sobrando algum recurso, mesmo que pouco. Do contrário, continue firme até se sentir capaz de se manter completa e autonomamente.

AUTONOMIA DE AÇÃO

Quando a sustentação não for mais uma preocupação, o mais importante a fazer é reforçar nosso *core business,* ou seja, nossa profissão, aquilo que fazemos com competência e gera valor e resultados positivos.

Nessa fase da minha vida profissional, quando me chamavam para trabalhar à noite com filmagens, eu optava por continuar estudando uma linguagem de programação ou continuar me dedicando à implantação de algum projeto-teste. Aquela era uma decisão de responsabilidade comigo, focada na minha busca pela geração de novos negócios.

Na autonomia de ação, é preciso compreender a diferença entre custos, despesas e investimentos pessoais. O cuidado com a gestão do nosso fluxo de caixa (dinheiro) é fundamental para termos paz de espírito para desenvolvermos nossa carreira. A consciência correta sobre cada um desses conceitos permite a administração coerente de nós mesmos e do nosso objetivo profissional. Nunca se esqueça de que os resultados de nossas iniciativas de negócios devem atender às nossas necessidades básicas de bem-estar material. Se não ganho o essencial para sobreviver, minha carreira e negócios tendem a desandar rapidamente.

Cabe explicar que entendemos como custos tudo o que precisamos para sobreviver: moradia, alimentação, saúde. Já as despesas são mais questionáveis, uma vez que podemos viver em graus menores ou maiores de sofisticação. Alguns exemplos: TV por assinatura, conforto de locomoção (carro em vez de transporte público) e requintes similares. Os investimentos, por sua vez, são as extravagâncias, itens que possuímos por ostentação. Todos temos (ou sonhamos ter) um pouco disso. São as peças de grife que custam 65% a mais que outras similares e as contas que pagamos para melhorar nossa base financeira, como cursos e viagens.

Tempos atrás, um desconhecido que sentou ao meu lado no avião me explicou um estudo simples intitulado "Base financeira". Trata-se de um pensamento básico que cruza aquilo que você faz (e alguém paga por isso) com as faixas de valores possíveis para esse conjunto de conhecimento — que tem valor e gera resultados. Consideremos a tabela a seguir para compreender o conceito:

Conhecimento	Cenário de Mercado (remuneração mensal)
Programação de computadores	Pior cenário = R$ 3.000,00 Cenário provável = R$ 4.500,00 Cenário otimal = R$ 6.000,00
Língua estrangeira	Pior cenário = R$ 1.000,00 Cenário provável = R$ 2.000,00 Cenário otimal = R$ 3.000,00
Disponibilidade para viagens longas para atuar em um projeto (sem família)	Pior cenário = R$ 1.000,00 Cenário provável = R$ 1.500,00 Cenário otimal = R$ 2.000,00
Gestão / liderança de times de desenvolvimento	Pior cenário = R$ 1.000,00 Cenário provável = R$ 2.000,00 Cenário otimal = R$ 4.000,00

O pior cenário é aquele em que, por estar abaixo do valor determinado, é preferível não aceitar o trabalho e continuar em casa. Sendo muito claro: é o mínimo aceitável. O cenário provável é a média da maioria das ofertas de trabalho que nosso nível de senioridade oferece, conforme as regras de oferta e demanda. Por fim, o cenário otimal é a oportunidade diferenciada, seja porque o mercado está aquecido, seja porque envolve, por exemplo, uma empresa multinacional e outras possibilidades afins. Esse, obviamente, é mais exclusivo e raro em momentos de crise, contudo, deve ser perseguido como valor de remuneração profissional.

A regra dessa base é bem simples: 1) Todos os nossos custos devem caber no pior cenário. 2) Nossas despesas não devem consumir todo o cenário provável. 3) Nossos investimentos devem ser permitidos com as economias que conseguirmos guardar no cenário provável dentro do ano ou com mais frequência dentro da faixa do cenário otimal.

Somente o indivíduo, o departamento ou a companhia que conquistou sua autonomia de ação é livre para se tornar criativa. Criar antes disso é um devaneio, uma distração e até uma autossabotagem. Criar antes de se sustentar completamente e de dominar sua autonomia de ação é se desviar do próprio *core business* e trair o projeto essencial.

Apesar de todo o enfoque financeiro dado nesta passagem sobre autonomia, é importante ressaltar que também são necessários todos os aspectos de autonomia psicológica antes de se lançar na autonomia de criatividade. Se você se considera psicologicamente dependente de algo, dificilmente conseguirá ser criativo. E se você está em estado de zona de conforto, a criatividade é uma alucinação improdutiva.

Concluo este tópico com uma frase do navegador Amyr Klink[28] que ouvi no podcast da InfoMoney (Episódio 113: "Do zero ao topo"):

---

28 Amyr Klink (São Paulo, 25 de setembro de 1955) é um navegador e escritor brasileiro com diversos livros publicados. Ele foi a primeira pessoa a fazer a travessia do Atlântico Sul a remo, em 1984, a bordo do barco IAT. A entrevista está disponível em: https://bit.ly/3BsLDgq .

"O excesso de recursos te faz gastar mal. O excesso de conforto desestimula a criatividade. A pressão é muito importante para colocarmos em prática aquilo que sabemos."

Estar na autonomia de ação é estar saudável, acordando todos os dias com a motivação de escrever mais uma página do livro da história da nossa vida. É estar disponível para dominar a técnica necessária que reforça o melhor de nós mesmos: a curiosidade pelo aprendizado contínuo.

ESTAR NA AUTONOMIA DE AÇÃO É ESTAR SAUDÁVEL, ACORDANDO TODOS OS DIAS COM A MOTIVAÇÃO DE ESCREVER MAIS UMA PÁGINA DO LIVRO DA HISTÓRIA DA NOSSA VIDA. É ESTAR DISPONÍVEL PARA DOMINAR A TÉCNICA NECESSÁRIA QUE REFORÇA O MELHOR DE NÓS MESMOS: A CURIOSIDADE PELO APRENDIZADO CONTÍNUO.

AUTONOMIA DE CRIATIVIDADE

Quando sabemos dar a real dimensão de valor para as coisas, estamos prontos para viver a autonomia da criatividade. E esses valores possuem sua dimensão baseada na sua funcionalidade. Por exemplo: sonhar com muito dinheiro nas mãos pode ser sinal de uma distração ou desvio do nosso *core business*. Isso porque, para a natureza humana, o dinheiro é somente um meio de troca entre duas ou mais partes; dependendo do contexto, não servirá para nada. Numa ilha deserta, sem nenhum outro humano junto, para que lhe serviria o dinheiro?

Sonhar é algo saudável para um empreendedor, no entanto ganhar dinheiro, não. Eu nunca conheci um líder de sucesso empresarial cujo foco fosse o dinheiro. Acumular riquezas financeiras, portanto, deve ser visto sempre como uma consequência, uma resposta inquestionável da grandeza de sua realização.

Nossa consciência e nossa mente devem estar prontas a essa altura da nossa experiência com a vida. É, pois, uma hierarquia de valor. Em primeiro lugar, nós nos sustentamos e conquistamos autonomia psicológica e financeira para nos manter sem dependências. Depois investimos com profundidade responsável em nosso *core business*, nosso ponto de força que gera resultados de economia e crescimento. Somente após superados esses degraus, estaremos aptos a exercer a criatividade em sua essência e partir para novos sonhos — agora em sua adequada dimensão. E a empresa, como você já sabe, é o reflexo do seu líder.

Aplicar a autonomia de criatividade em nossa empresa é uma questão muito importante para continuar avançando nos negócios, para se tornar um empreendedor e líder cada vez melhor e não meramente para ganhar dinheiro. Assim como na vida íntima, os negócios estão em mudança constante. Fazer sempre a mesma coisa, da mesma forma e por muito tempo é sinônimo de estagnação doentia, pois nos tornamos um hospedeiro, um parasita do mundo empresarial: apenas sugamos sem retroalimentar o ecossistema que nos mantém vivos. Não é necessário ser um gênio para prever que o preço disso será a insignificância no mercado e a redução até a falência.

Muitas companhias se perdem na busca desenfreada por um crescimento acelerado porque não se fundamentam ou criam bases sólidas para depois construírem em cima delas. Criar um monte de possibilidades sem estas bases vai levar a empresa a desmoronar, assim que o seu dinheiro ficar escasso.

A criatividade deve ser uma possibilidade fundamentada na experiência prática do indivíduo. Quando alguma ideia é muito desconexa com nossa história e nossas habilidades, costumo considerar que não se trata de criatividade, mas de uma esquizofrenia momentânea por algum motivo desviante.

Criar sem a correta consciência da própria realidade é, então, uma atitude de ostentação irresponsável, seja individual ou corporativa. Toda jornada se inicia em um ponto que precisa ser real, sem ilusões. Como diz o dito popular americano, contado por um velho amigo: "Se você se acha tão esperto, por que não é tão rico?"

O melhor tubo de ensaio que temos à disposição para testar experimentos criativos são nossos clientes, nossos parceiros e o mercado em que atuamos. Nesses ambientes estão os melhores validadores da viabilidade de nossa criatividade. Reforço aqui o que expliquei sobre relação otimal: as melhores relações são as que nos proporcionam oportunidades reais de crescimento contínuo.

A AUTONOMIA DE LIBERDADE

Para que me serve o dinheiro? Essa é uma pergunta frequente que recebo quando interajo com jovens, seja em palestras nas universidades, seja no dia do *onboarding*[29] em nosso grupo de empresas.

A resposta é tão simples que chega a ser intrigante: o dinheiro me serve para comprar a liberdade. Em nossa sociedade ocidental, o nirvana é ser livre para ir e vir, para expressar ideias e ter a garantia da propriedade privada. Dentro do modelo capitalista em que vivemos, a liberdade é, portanto, conquistada e/ou comprada — no entanto, ainda assim, não podemos ferir a moral, a ética e o social.

Certamente, em condições normais, conforme as leis vigentes em nosso país, nascemos livres, entretanto, se não alcançarmos nossa autonomia de liberdade, viveremos a vida inteira por empréstimo, dependentes de outros. O nirvana contemporâneo não é a sociedade alternativa conforme sonhou nosso cantor maluco beleza, o Raul Seixas. O verdadeiro nirvana está na tranquilidade de ter dinheiro sem precisar lembrar que ele existe. Trazendo para a vida prática: ter vontade de entrar num restaurante, pedir uma fantástica refeição e não se preocupar em verificar o valor que virá na conta.

Um sábio amigo me apresentou a seguinte reflexão: a melhor forma de lidar com o dinheiro é quando você não precisa lembrar que ele existe. Ele explicava de uma maneira engraçada, dizendo que ele podia estar em qualquer lugar e fazendo qualquer coisa, sempre se sentindo calmo e tranquilo. Era quase uma piada para os mais distraídos, entretanto, um aprendizado muito sério para

---

[29] O processo de *onboarding* de funcionários se refere à integração e adaptação de novos profissionais nas empresas. O objetivo é instruir os novos empregados sobre cultura, rotina e dinâmicas corporativas.

mim. Ou seja, se o dinheiro é fonte de preocupação e se você perde a calma e a tranquilidade por conta dele, você ainda não alcançou a autonomia de liberdade.

Autonomia de liberdade não significa, porém, que conseguimos ficar ricos ou milionários. Na essência, quer dizer que sabemos nos sustentar, agir conforme nosso projeto de ganhos, investir — reforço que é muito diferente de poupar, atenção para não confundir — e lidar com tranquilidade com o dinheiro. É, pois, atingir o equilíbrio entre o ser e o ter. E isso nos traz bem-estar e paz, uma vez que não existe espaço para angústia e para o desejo sem a correspondente realização.

Liberdade, por fim, é ser um adulto responsável única e exclusivamente pelas próprias escolhas e não depender de ninguém para se sentir feliz. A felicidade, por sua vez, está no verdadeiro autoconhecimento, isto é, saber de que gostamos, o que nos agrada, o que nos faz bem. Se tenho autoestima e inteligência emocional para lidar com as incertezas de cada dia e administro minhas etapas de autonomia, serei, consequentemente, realizador, livre e feliz.

OS DESPERDÍCIOS

Pouco se entende sobre a razão pela qual devemos buscar as virtudes. O tema, na visão de "pessoa física", costuma ser aprofundado em religiões, outras linhas espiritualistas e livros de filosofia. Contudo, quero trazer à luz o pensamento sobre o que é uma empresa virtuosa e o que é um profissional com virtudes corporativas.

Na minha leitura, a maior virtude corporativa está na gestão da própria energia com o objetivo de alcançar leveza em todas as relações internas e externas, desde processos internos enxutos até a forma como se solucionam os problemas e desencontros.

A autonomia, conforme conceituei neste capítulo, não é a virtude em si, porém é o caminho para a virtude. Considere o exemplo de estar recebendo uma acusação qualquer. Sem autonomia, sua primeira reação habitual é entrar em desespero, de modo que, desse momento em diante, tudo passa a se caracterizar como desperdício. Isso acontece porque a tensão é um dispersador de energia no vazio, cansa a pessoa sem recompensa objetiva.

De maneira genérica, pessoas sem autonomia psicológica, porque não conquistaram sua própria autonomia de sustentação e, obviamente, de ação, são fontes de desperdício ambulante. De igual modo, empresas sem autonomia de base — como uma companhia de representação ou distribuição que é 100% dependente de uma única indústria e uma única relação de fornecimento — são modelos de desperdícios de energia.

Sem autonomia, vivemos primitivamente, em estado de autodefesa constante e com o instinto de agressividade como primeira interface em nossas relações. Para sobreviver, necessitamos de um ser mais organizado que formaliza as escolhas para o menos

CONSIDERE O EXEMPLO DE ESTAR RECEBENDO UMA ACUSAÇÃO QUALQUER. SEM AUTONOMIA, SUA PRIMEIRA REAÇÃO HABITUAL É ENTRAR EM DESESPERO, DE MODO QUE, DESSE MOMENTO EM DIANTE, TUDO PASSA A SE CARACTERIZAR COMO DESPERDÍCIO. ISSO ACONTECE PORQUE A TENSÃO É UM DISPERSADOR DE ENERGIA NO VAZIO, CANSA A PESSOA SEM RECOMPENSA OBJETIVA.

organizado. Esse vínculo por dependência é nocivo em qualquer relação, porque todas as companhias nascem para serem independentes, e todas as pessoas, idem.

São exemplos de desperdício pessoal e gasto de energia em vão: a comparação, a raiva e a incapacidade de perdoar. Quanto mais você nutre algum desses três sentimentos em relação a alguém, mais você desperdiça inteligência e disponibilidade criativa para oportunidades saudáveis.

O sentimento de posse também entra no rol acima, pois muita energia é jogada fora nessa dinâmica, o que acontece quando uma empresa ou um vendedor brigam com outra empresa lidando com um cliente como sua posse, ou seja, propriedade exclusiva. Na verdade, o cliente é fiel ao que melhor sabe servir, desde a percepção de preço e valor adequado até a diplomacia no atendimento e na manutenção da relação.

Se o cliente abre espaço para conhecer a oferta do seu concorrente, encare isso como uma oportunidade incrível de *feedback* genuíno sobre como você está lhe servindo. Brigar com o concorrente é uma atitude de quem é gerador de dependência, um atestado de ignorância na arte de saber servir.

Também configura um desperdício, um sentimento de posse infantil, o ato de reclamar com um concorrente por tentar contratar algum dos seus liderados. Se o propósito da relação desse profissional com sua companhia for apenas o salário, então você estará numa seara de baixa autonomia, pois sempre haverá alguém que tem mais recursos a oferecer.

Minha recomendação prática, nesse caso, é a de não entrar em leilão para não ensinar aos outros liderados formas de pressionar você. O melhor a fazer é aprender com o evento e investir em melhorar a cultura da sua empresa. Se você tem alguma dependência desse profissional, deve racionalmente calcular o que é mais econômico: cobrir a oferta e mantê-lo no time ou substitui-lo.

Para concluir, quero dizer que buscar a saúde mental, a ataraxia e o equilíbrio emocional são ações que reforçam suas autonomias e demonstram sua evolução na compreensão sobre as quatro fases da autonomia. Quando nos sustentamos e estamos em sinergia com nossa ação e nosso *core business*, encontramos internamente fortalezas para lidar com as incertezas, com as intempéries corporativas, e nos esquivamos dos sequestros emocionais e dos desperdícios em geral.

Os valores são o tema do nosso próximo capítulo. Vou falar de valores, pois acredito que eles são um dos principais sustentáculos do progresso profissional de um indivíduo e do progresso dos negócios de uma empresa.

CAPÍTULO 7

QUAIS VALORES VOCÊ QUER PARA SI E PARA SUA EMPRESA?

Tenho a sensação de que está fora de moda escrever sobre filosofia de gestão e negócios neste século orientado ao digital, no qual tudo é VideoCast ou PodCast. Aliás, está fora de moda escrever ou ler de maneira geral. Observo tudo isso com o olhar de um cientista organizacional e não como um professor. Não é meu interesse de estudo o modo como as pessoas aprendem, mas tenho muita curiosidade sobre como as pessoas são influenciadas.

Acredito que hoje as imagens com som e movimento prendem a atenção com mais eficácia do que um livro. É preciso, porém, ter bastante cuidado com isso. Nosso mundo contemporâneo está lotado de palestrantes de YouTube que falam: "Siga-me assim", "Faça como eu fiz", "Seja feliz como eu sou".

Tudo bem consumir esse tipo de conteúdo! Eu também assisto a vários desses vídeos, mas com a finalidade de transcender e me construir, nunca para introjetar um plágio dentro de mim. A experiência de outras pessoas deve servir de bagagem para construirmos nosso protagonismo e nos levar a revisar nossos valores. Porém, não existe liderança sem autenticidade: o líder é sempre um autogerador de si mesmo, um criativo na própria autoconstrução.

Nesse processo contínuo de nossa formação individual, algumas mudanças são inevitáveis, porém outras são mera regressão. Por isso, proponho que, antes e acima de tudo, você formalize (caso ainda não o tenha feito), recupere ou atualize os valores de sua organização. Eles serão os pilares para seus critérios de decisão, com flexibilizações e adaptações. Quem só imita não protagoniza, porque o sucesso é sempre autêntico, original e distinto.

Certa vez, ouvi um homem muito rico falando que não compreendia o valor que se dá atualmente ao ouro. Ele explicava que preferia investir em *commodities,* pois se houvesse uma guerra, as pessoas iriam precisar comer e não teriam o que fazer com o metal precioso.

Eu ainda não alcancei as mesmas reservas financeiras do homem citado, entretanto me agrada muito sua maneira de pensar. Penso, por exemplo, em investir em negócios de tecnologia voltados para a saúde, pois as pessoas estão preocupadas em morrer o mais tarde possível, porém não estão atentas à qualidade desta vida. Vejo então uma oportunidade (e uma dualidade): de que adianta viver mais tempo com as limitações e privações que uma idade avançada pode trazer para quem não se cuidar?

Assim, de forma simplista, contextualizo que "valor" para mim é uma atribuição funcional que damos a alguma coisa. Se algo nos é útil, serve ao nosso projeto e funciona quando precisamos usar, sem dúvidas, esse algo é valioso. Entendo o valor como um balizador, um norteador de nossas ações. Isso vale, inclusive, para os valores morais, comportamentais e éticos de indivíduos e organizações.

O SER HUMANO

O primeiro de todos os valores é a própria vida: nossa qualidade de vida, nosso direito à vida. Isso não deveria ser questionável e nem colocado em hierarquia diferente. Em minha história empreendedora, seja como consultor ou na última década como empresário, as organizações que observei funcionando bem, construindo resultados para si e para outros envolvidos nos seus projetos, foram aquelas centradas no valor humano.

Gosto muito e concordo plenamente com a seguinte frase formulada por Jim Collins, renomado pensador, consultor e autor norte-americano de gestão: "Primeiro quem, depois o quê". Em seus livros *Vencedores por Opção*[30] ou *Empresas feitas para vencer*[31] ele ressalta implicitamente a percepção desse diferencial humano como o provocador, o responsável pelo sucesso dessas companhias.

Entretanto, de que humano estamos tratando? Essencialmente daquele que assume sua natureza biológica humana e se responsabiliza por liderar, realizar e protagonizar os acontecimentos em volta de si. Esse líder não é um super-herói ou um escolhido especial de Deus, mas uma pessoa igual a mim e a você que, conseguindo ler seu projeto de natureza e estudando para a realização deste, compreendeu que liderar é dar função a todas as coisas.

Projeto de natureza é um princípio que estamos aptos a realizar, é uma informação a priori, são os nossos dons. É aquilo que nascemos com pré-disposição para conquistar. Este projeto nos é intuitivo, pois para realizá-lo agimos conforme a nossa biologia, a nossa inteligência e a nossa vontade.

---

30 COLLINS, Jim; HANSEN, Morten. **Vencedoras por opção:** incerteza, caos e acaso – por que algumas empresas prosperam apesar de tudo. Rio de Janeiro: Alta Books, 2019.

31 COLLINS, Jim. **Empresas feitas para vencer:** por que algumas empresas alcançam a excelência... e outras não. Rio de Janeiro: Alta Books, 2018.

No livro *A Psicologia do Líder*[32], o italiano Antonio Meneghetti cita que a origem da palavra líder remete aos tempos do povo viking. Segundo ele, os vikings costumavam, de tempos em tempos, se dividir da seguinte maneira: parte dos homens navegava para suas conquistas, enquanto a outra parte permanecia no vilarejo para a proteção das mulheres, das crianças e das propriedades.

Havia uma regra, respeitada religiosamente, que impedia os homens que estavam doentes, com esposas grávidas ou com filhos muito pequenos, de embarcar na aventura, tendo que se juntar aos demais na defesa do vilarejo.

Na época da viagem, o líder viking só conhecia o seu time quando a âncora era levantada e a embarcação partia. Não era certo, antes disso, saber quais os homens ele teria à disposição. Sua missão era, com a maior brevidade possível, dar uma função relevante para todos os presentes no barco.

Destaco duas compreensões relevantes que tirei dessa leitura:

> **1. Dar função:** o líder é, na definição conceitual mais exata que já estudei, aquele que dá função aos seus liderados. Todos possuem uma razão de estar ali e algo a contribuir com o projeto, por isso, o líder deve saber ler esse potencial disponível em cada membro de seu time e encontrar a melhor função para os liderados, para que o grupo produza um resultado ótimo;

---

32 MENEGHETTI, Antonio. **A psicologia do líder**. Restinga Sêca: Associação Brasileira de Ontopsicologia, 2013.

> **2. Dar função relevante**: o líder é um exímio estrategista na arte de lidar com as pessoas. Se alguém não se sente reconhecido ou prestigiado, não desempenhará seu melhor para alcançar o resultado desejado. Portanto, quando o líder não dá função relevante, manifesta-se um motim e ele é assassinado.

A capacidade de leitura do ser humano é uma necessidade vital para um bom líder. Este sabe que seus liderados percebem as coisas, os objetos e as outras pessoas a partir de sua utilidade, função no grupo. Eles fazem isso para compreender seu papel no ambiente em que vivem. Se não fosse assim, tudo ao seu redor ficaria mais complexo e sem sentido.

Isso se aplica inclusive à percepção de nós mesmos, de nossas personalidades individuais. Nossos limites e fortalezas nada mais são que a compreensão e a função que nos damos. Afinal, apesar de sermos únicos como identidade e projeto, somente nós somos capazes de uma leitura profunda a respeito de quem somos. Se conseguimos acessar esse interior, seguimos; do contrário, escolhemos algum modelo externo que, por algum critério, nos parece funcional. Assim somos humanos, no erro e no acerto.

Quando eu penso no mundo, nas cidades, nas empresas entendo que estão cheios de seres humanos que necessitam de líderes para lhes dar função. Vejo o quanto a liderança é fundamental na natureza da vida e no sentido da existência.

O VALOR DO AQUI E AGORA

As pessoas, em geral, não buscam minimizar riscos, apesar do medo que sentem. Na prática, aprendem a lidar com os riscos, otimizando-os. Elas dirigem, andam nas ruas, amam e brincam com brinquedos perigosos para alcançar alguma sensação prazerosa. Na verdade, ao se desafiarem, as pessoas também se desenvolvem.

Uma criança, que geralmente tem a consciência mais livre do que um adulto, quando submetida a três opções de caminho para ir do ponto A ao ponto B, sempre escolherá aquele onde haverá maiores desafios a superar. É assim que ela se diverte e se desenvolve.

Quando somos livres e temos incentivos e recursos para ousar, preferimos viver no limite entre o que dominamos e o novo a descobrir ou conquistar. Esse é o mais sadio critério como ser humano. Se formos bem-sucedidos nos projetos que envolvem riscos, então nos sentimos revigorados e empolgados. É uma ação do aqui e agora com reflexo imediato no presente. Caso contrário, ficamos preguiçosos, amorfos e apáticos em nossa zona de conforto.

Não se desafiar é uma inércia que atrofia nossa inteligência e, consequentemente, nossos sentidos e músculos. De igual modo, quando vivemos uma condição de sermos superprotegidos, não sentimos o real prazer ao vencermos algo. E se perdemos, tampouco sabemos lidar com a frustração.

O verdadeiro critério vencedor, se entendida essa hipótese aqui explanada, é o critério do aqui e agora que, acredito, vale para os negócios e para as decisões diárias às quais somos submetidos em diversos projetos.

NÃO SE DESAFIAR É UMA INÉRCIA QUE ATROFIA NOSSA INTELIGÊNCIA E, CONSEQUENTEMENTE, NOSSOS SENTIDOS E MÚSCULOS. DE IGUAL MODO, QUANDO VIVEMOS UMA CONDIÇÃO DE SERMOS SUPERPROTEGIDOS, NÃO SENTIMOS O REAL PRAZER AO VENCERMOS ALGO. E SE PERDEMOS, TAMPOUCO SABEMOS LIDAR COM A FRUSTRAÇÃO.

Algo que exige minha ação agora não pode ter recompensas somente após algum tempo, pois existe o risco de não fazer mais sentido na época do resultado. Na natureza, o que fazemos hoje tem algum, mesmo que mínimo, resultado ainda hoje. Quando colocamos uma semente na terra e irrigamos, já há uma intenção que proporcionará um resultado esperado. Mesmo que a planta necessite de meses para dar seu fruto, já se sabe, desde o primeiro dia, que, se tudo der certo, haverá frutos e não outra coisa qualquer.

É assim que devemos agir diante das incertezas, das decisões cotidianas: com uma clara e objetiva intencionalidade para determinar o que esperamos. Certamente podem acontecer imprevistos — chuvas torrenciais podem estragar a semente plantada —, mas isso não muda o fato de que sabíamos das possibilidades esperadas.

Em outras palavras, o critério do aqui e agora é um dos valores mais significativos quando estamos lidando com projetos de capital intelectual, ou seja, que dependem exclusivamente de pessoas para sua realização. Nesse entendimento, por mais que o resultado seja provável — ou até mesmo improvável —, já se conhece a intenção de onde se pretende chegar. O erro consiste em tomar decisões para um resultado desconhecido, pois uma ação no vazio vai resultar em vazio. Um investimento em nada vai render nada.

O MANTRA (OS VALORES) 3M & 3C

Vivi uma experiência inesquecível há alguns anos, quando eu estava cursando o módulo internacional do meu MBA, na Itália. Minha turma saiu de ônibus da enigmática cidade de Milão com destino a Marudo, onde visitaríamos duas empresas, uma de cadeiras artesanais, outra de móveis para lojas planejadas.

Na primeira empresa, as cadeiras eram tão encantadoras que não consegui prestar atenção em nada do que o empresário contava — e a tradutora nos repassava em nossa língua. Na segunda, tentei ficar mais atento, entretanto uma discreta placa colocada atrás da mesa do proprietário me provocou. A placa tinha as letras M e C seguidas pelo número três. Quando abriram a apresentação para perguntas, não pestanejei e questionei o que aquilo significava.

A resposta do dono da fábrica:

— É o meu mantra, a regra fundamental de trabalho da nossa empresa. Funciona assim: você quer trabalhar aqui? É simples. Você me dá 3M, eu te dou 3C.

Depois explicou:

3M
1. Máxima disponibilidade
2. Máxima responsabilidade
3. Máximo comprometimento

3C
1. Crescimento profissional
2. Crescimento de personalidade
3. Crescimento financeiro

As coisas não acontecem por um passe de mágica. Eu já estava há meses abrindo a primeira empresa em meus pensamentos, contudo, ao ouvir a explicação do significado do 3M & 3C, fiquei muito confiante. Sem dúvidas, aquele seria também o mantra da nossa companhia.

Confesso que, ao retornar para o Brasil, empolgado com aquele pensamento, demorei um pouco a entender que havia uma grande sabedoria na proposta de troca. Na prática, se você se empenha para entregar o 3M nos seus projetos, o 3C é inevitável. É uma consequência natural.

Passados tantos anos, continuamos firmes com a cultura do 3M & 3C. Por vezes, mais explicitamente e noutras, nem tanto, porém é um fundamento que sempre recuperamos nos momentos necessários. Para mim, 3M & 3C é uma cultura de meritocracia com equidade, pois considera o indivíduo na comparação consigo mesmo.

Um exemplo. Há poucos anos, contratei um funcionário com autismo para trabalhar em nossa área de FP&A[33]. Ele é muito inteligente, contudo, tinha dificuldade de se organizar para me contar suas ideias e percepções. Quando ele me encontrava no corredor da nossa companhia, era uma avalanche de palavras das quais eu tinha dificuldade de fazer conexões e torná-las úteis. Eu, com cuidado, fui explicando para ele que eu quero receber um assunto por vez, com estrutura e objetivo completos antes de iniciar qualquer outro assunto. Após um ano trabalhando juntos, ele conseguiu ajustar este comportamento comigo e foi promovido a consultor.

---

33 Planejamento e análise financeiros (FP&A) é um conjunto de atividades de planejamento, previsão, orçamento e funções analíticas que apoia as principais decisões de negócios e a saúde financeira geral de uma empresa.

O MEU VALOR E O VALOR QUE ME FALTA

Nos momentos de idealização do grupo de empresas que fundei, por uma dessas coincidências explicadas por seleção temática, eu estava lendo O Ponto da Virada[34], do autor Malcolm Gladwell. Foi a partir desse ótimo livro que uma particular compreensão minha transcendeu e se transformou em um dos meus primeiros modelos esquemáticos para a escolha de valores que viriam a ser estratégicos para a nossa companhia. Trata-se do conceito do empacotador, da relação de confiança e do vendedor como fundamentos primordiais para sermos bons gestores do nosso negócio.

Considero como uma particular compreensão porque Malcolm não escreveu sobre as hipóteses que formulei. Seu livro me inspirou a criar um entendimento e formalizar o modelo a seguir.

Acredito que uma empresa bem administrada precisa ter três pessoas em especial, cada uma com finalidades específicas e características predominantemente latentes, as quais considero como valores. Vejamos:

> **1. Empacotador:** responsável por valorizar o serviço ou produto com estratégias de marketing, design etc. Em muitos produtos, é pela embalagem que se provoca uma dimensão ou expectativa de qualidade superior. Assim sendo, a função desse perfil é dar destaque ao que se vende, despertando curiosidade no cliente-alvo;

---

34 GLADWELL, Malcolm. **O ponto de virada:** como pequenas coisas podem fazer uma grande diferença. Rio de Janeiro: Sextante, 2009.

2. **Relação de Confiança:** pessoa de perfil técnico, o especialista que dá credibilidade ao serviço ou produto, inspirando uma relação de confiança em quem está comprando. É o conselheiro, o mentor, o que propõe as soluções;

3. **Vendedor:** aquele que sabe alcançar a dimensão de valor percebida pelo cliente interessado e, oportunamente, constrói o preço do produto ou serviço com base nesse critério. Tem a inteligência para vender a inteligência e não o esforço.

Quando estruturei esse modelo esquemático, eu me enquadrei como relação de confiança. Imediatamente iniciei dois investimentos em paralelo: o compromisso de me aprofundar ainda mais na construção de uma imagem de confiança e o de buscar pessoas com as características do perfil empacotador e vendedor para formarmos uma sociedade.

Este é, para mim, o verdadeiro princípio justificador de uma sociedade empresarial: a soma de características complementares. Diferente disso, uma sociedade se torna subtração, porque culmina em um ceder espaço de ação para acomodar outro, protagonizando em conjunto. Se ambos possuem as mesmas características, não há soma, somente os ímpares resultam em adição.

Se escolho meu sócio porque ele pensa, age e acredita em conformidade comigo, vamos juntos fazer um esforço de 100 para um resultado, quando bom, de 20. Em muitos casos, essas proporções são ainda piores.

Já em uma sociedade em que somente um dos sócios pensa e cria, enquanto o outro apenas participa, há um desiquilíbrio latente e capaz de tornar a relação brevemente finita. Em minhas observações, percebi que é mais fácil o funcionamento de uma parceria entre sócios com pensamentos divergentes do que em relações nas quais uma das partes não contribui ativamente.

Vejo a sociedade empresarial como uma ciência comportamental, não compatível, portanto, com estudos sobre situações generalizadas. Entretanto, em meu histórico de realizações, os melhores casos de sucesso foram (e são) com os que complementaram (complementam) o que me faltava (falta) e vice-versa.

Ainda assim, as relações humanas são determinadas ao finito, os comportamentos mudam constantemente e a conciliação dos valores que justificam a sociedade empresarial entre duas pessoas deve ser revisada frequentemente.

Retomo ainda aqui a importância do autoconhecimento, pois acima de qualquer habilidade está a responsabilidade para saber o que nos falta. Sem isso, nenhum sócio funcionará além daqueles poucos meses de descobertas sobre os comportamentos um do outro, quando tudo parece estar nas nuvens.

Após tudo o que conversamos sobre valores, pergunto: quais valores você quer para si e para sua empresa? Medite a respeito e coloque tudo por escrito. Pode ser senso comum, mas são os valores que você adotar e praticar no seu dia a dia que nortearão o comportamento de seus liderados.

A mudança é o tema do nosso próximo capítulo. A capacidade de se transformar, promovendo mudanças em si e em seus negócios, é uma característica essencial para você se manter vivo e caminhando para frente no jogo competitivo dos negócios.

CAPÍTULO 8

A MUDANÇA DE SI

Por que temos tanto medo de mudar? A mudança contínua — da vida, das fases, das estações — é um fenômeno próprio da natureza. Quando lidamos com as transformações biológicas, esse movimento nos parece simples, pois independe de nossas escolhas. No entanto, se precisamos intencionalmente optar por mudar algo já estabelecido, sentimos que estamos diante de um desafio.

Isso ocorre porque temos a consciência de que cada decisão tomada representa entrar numa nova realidade e deixar outra para trás. Sabemos que, ao não sermos responsáveis por nossas escolhas, além de perdermos a oportunidade do aprendizado e da novidade, poderemos nos arrepender de ter deixado o conforto do "antigo lugar". Inevitavelmente, porém, não há outro caminho: mudar implica correr riscos.

Vários filósofos antigos e professores contemporâneos concordam que a única certeza que nós temos na vida é a mudança, por isso, esse medo não faz sentido. Sêneca, um dos pensadores que mais admiro, escreveu: "Sofremos mais na imaginação do que na realidade."[35] Na prática, ele quis nos dizer que nosso receio de desbravar o novo nos impede de viver, pois onde há clausura, medo e culpa nada flui.

Quando evitamos a possibilidade de uma transformação de ordem pessoal, renunciamos à mais maravilhosa missão da nossa

---

35 SÊNECA, Lúcio. **A sabedoria de Sêneca**: ensaios completos. São Paulo: Excelsior, 2022.

existência, que é a busca pelo conhecimento. Medo significa castração, corrupção, inferiorização de si. Para driblar esses comportamentos, precisamos treinar a habilidade de nos adaptar a novos pensamentos, revisitar conceitos e atualizá-los.

Adaptação, essa palavra magnífica, é um presente do universo. O ser vencedor não é o mais forte ou o mais inteligente, é aquele que tem maior capacidade de se adequar ao contexto em que está inserido. Eu poderia me aprofundar aqui sobre darwinismo[36], teoria da qual sou um grande apreciador, e que aborda esse universo da adaptabilidade humana, porém, vou me ater a apresentar algumas interpretações pessoais.

Para começo de conversa, precisamos entender que uma mudança depende da nossa responsabilidade, das nossas escolhas e da coragem de um EU consciente. Ela está diretamente relacionada à habilidade de sustentar a própria identidade e conseguir se colocar em primeiro lugar diante das situações.

Uma das coisas mais valiosas num processo de transformação pessoal é a certeza de que sempre aprenderemos algo. Isso revitaliza, inclusive, nosso espírito empreendedor. E, vale destacar, um indivíduo capaz de lidar inteligentemente com suas mudanças e escolhas é um dos profissionais mais desejados em todo o mundo corporativo. Como viver isso? É o que veremos a seguir.

---

36 Darwinismo é a teoria desenvolvida pelo naturalista inglês Charles Darwin (1809-1882). Segundo ele, os organismos melhor adaptados ao meio têm maiores chances de sobrevivência do que os menos adaptados, deixando um número maior de descendentes.

QUANDO EVITAMOS A POSSIBILIDADE DE UMA TRANSFORMAÇÃO DE ORDEM PESSOAL, RENUNCIAMOS À MAIS MARAVILHOSA MISSÃO DA NOSSA EXISTÊNCIA, QUE É A BUSCA PELO CONHECIMENTO. MEDO SIGNIFICA CASTRAÇÃO, CORRUPÇÃO, INFERIORIZAÇÃO DE SI. PARA DRIBLAR ESSES COMPORTAMENTOS, PRECISAMOS TREINAR A HABILIDADE DE NOS ADAPTAR A NOVOS PENSAMENTOS, REVISITAR CONCEITOS E ATUALIZÁ-LOS.

UMA DAS COISAS MAIS VALIOSAS NUM PROCESSO DE TRANSFORMAÇÃO PESSOAL É A CERTEZA DE QUE SEMPRE APRENDEREMOS ALGO. ISSO REVITALIZA, INCLUSIVE, NOSSO ESPÍRITO EMPREENDEDOR. E, VALE DESTACAR, UM INDIVÍDUO CAPAZ DE LIDAR INTELIGENTEMENTE COM SUAS MUDANÇAS E ESCOLHAS É UM DOS PROFISSIONAIS MAIS DESEJADOS EM TODO O MUNDO CORPORATIVO.

O PROCESSO DE MUDANÇA

Uma verdadeira mudança individual é aquela em que se compreende estar apto para rever o próprio modo de pensar, de se emocionar e de agir. Em primeiro lugar, portanto, é essencial saber que os pensamentos estão no comando desse processo, pois são eles que conduzem nossos sentimentos que, por sua vez, conduzem nossas ações e essas nos conduzem aos resultados. Alguns espiritualistas levam tão a sério a força do pensamento que defendem a ideia de uma dimensão mais evoluída do nosso espírito, na qual a fala, a voz e o som não serão mais necessários, pois nos comunicaremos somente pelo pensar.

Na prática, o pensamento é a consciência que temos sobre todas as coisas. Nada, porém, tem um sentido exato; as coisas são aquilo que pensamos delas. Por isso, o significado de algo para mim pode ser totalmente diferente para você, conforme nossas diferenças de contexto, religiosas, culturais, étnicas etc.

O que significa uma árvore para você? Para mim, uma árvore é um exemplo de fidelidade ao projeto íntimo de natureza; ela representa a melhor metáfora sobre a evolução continua que nós, humanos, deveríamos perseguir. Quatro verificações me agradam nessa analogia inspiracional:

1. Toda árvore quer tocar o céu sem perder a solidez de sua raiz;

2. Toda árvore carrega um mistério sobre seus anos de existência e por quanto tempo permanecerá existindo;

> 3. Toda árvore tem um proposito diário de crescer: novas folhas, novos galhos, todos os dias, mesmo depois de situações adversas;
>
> 4. Toda árvore contribui para o ecossistema que a cerca, desenvolvendo-se e ajudando os outros a se desenvolverem também.

Na árvore, o que está embaixo da terra sustenta o que está acima dela. É o invisível que produz o visível. Isso quer dizer que, se você deseja mudar os frutos, primeiro tem de trocar as raízes. Em outras palavras, ao mudar sua consciência e seus pensamentos, mudará seus comportamentos, atitudes e ações; consequentemente, todos os efeitos posteriores serão diferentes.

O auge da mudança de si mesmo é verificado na forma como respondemos com utilidade e funcionalidade aos desafios do aqui e agora. É o pensamento aberto para agirmos sem préconceitos, sem partir de estereótipos sociais, de pontos fixos e do determinismo, encarando cada situação com dois conceitos milenares e quase totalmente esquecidos: Ataraxia e Metanoia.

Os estoicos procuravam, entre outras coisas importantes, a tranquilidade mental. Para eles, a ataraxia significava a "ausência de preocupação". Já para os epicuristas, era sinônimo de "ausência de paixões". Demócrito[37] usou esse termo ao afirmar: "A felicidade é prazer, bem-estar, harmonia, simetria e ataraxia".

---

37 Demócrito de Abdera foi um filósofo pré-socrático da Grécia Antiga. Em suas obras abordou a ética, a política e a educação.

Minha melhor tradução sobre ataraxia, trazendo o conceito aos tempos modernos, é: estado mental calmo, virtuoso, que não cria expectativas sobre nenhuma situação e por isso consegue permanecer centrado, sensitivo e racional diante de qualquer acontecimento. Como não há expectativa, consequentemente não há espaço para vínculos negativos como a dependência, o medo, a insegurança e a culpa.

Já metanoia significa mudança da mente, a decisão de não ficar fixo no banco de dados da nossa consciência. Em outras palavras, é trocar velhos modelos por outros mais novos e, assim, experimentar possibilidades melhores; é se permitir agir e sentir como uma criança, vivendo de maneira sempre disponível e curiosa em relação ao aprendizado.

Podemos fazer uma analogia dessas habilidades com o CRUD — *Create, Read, Update, Delete* — do banco de dados. Quando somos jovens, a abertura para inserir dados novos (*Create*) é incrível, pois há bastante espaço a ser preenchido. À medida que ficamos mais velhos, essa disponibilidade de armazenamento diminui; com isso, deveríamos estar aptos para alterar dados existentes por dados novos (*Update*). Infelizmente, por infinitas razões, com o passar dos anos ficamos mais preguiçosos ou desenvolvemos uma certa resistência para trocar algo que já sabemos por algo ainda desconhecido.

Uma mente condicionada e fechada ao novo é como uma pasta de arquivos cheia de programações passadas, significados inventados e histórias de dramas e desastres. A psicologia chama isso de complexos, enquanto Nietsche afirma se tratar de uma espécie de prisão: "Homens convictos são prisioneiros."[38] e "As convicções

---

38 Disponível em: https://bit.ly/3FXz6UE .

são inimigas mais perigosas da verdade do que a mentira"[39]. E vou além. Segundo minha própria visão, esse tipo de mente pode ser uma "cabeça de robô", quando se verifica uma grande quantidade de informações fixas e imutáveis, ou "cabeça de zumbi", quando a quantidade de informações é limitada e repetida.

O indivíduo indisponível para experimentar a metanoia dificilmente será bem-sucedido, pois lhe será impossível colher a realidade presente enquanto enxerga a vida sempre com um olhar fixo no passado.

Uma forma de reconhecer a sua disponibilidade para abraçar a metanoia é medir a quantidade de amigos qualificados para pedir conselhos e avaliar sempre a qualidade dos conselhos recebidos. Bons conselhos podem ser poderosos para ajudar no desenvolvimento de nossa mente, na expansão do banco de dados de nossa consciência. Que critérios você utiliza para escolher alguém para ser seu conselheiro?

O que estou sugerindo é que dedique muita atenção e energia para aprender continuamente e, ao mesmo tempo, escolha com cuidado as pessoas que lhe fornecerão conhecimentos e conselhos. Se você se instruir com quem não vai bem, sejam consultores, mentores, orientadores ou planejadores, a única coisa que irá aprender é como fracassar. A sua mente não mudará para melhor.

---

39 Disponível em: https://bit.ly/3W2FIXj .

DICA DO AUTOR: A MAIOR DIFICULDADE NUM PROCESSO DE MUDANÇA É RENUNCIAR À IMAGEM QUE VOCÊ TEM DE SI. POR ISSO, É MUITO IMPORTANTE TER PESSOAS QUALIFICADAS PARA LHE MOSTRAR AQUILO QUE NÃO ENXERGA EM SI.

SEJA PROTAGONISTA

Ser verdadeiramente protagonista da própria vida é para a minoria das pessoas. Infelizmente, vejo que a maioria delas se colocam numa posição de coadjuvantes e de dependência, pois desejam a segurança e o conforto, despendendo esforço apenas para conquistá-los e mantê-los. Como na segurança e no conforto não existe crescimento, os coadjuvantes e dependentes não evoluem na vida. O protagonista é aquele que cresce, evolui e alcança resultados muito acima da média, conforme o tempo passa, porque assume riscos, tem a postura de estar continuamente aprendendo e encara a mudança como um estado de normalidade para avançar na vida.

Vamos usar como exemplo os profissionais em início de carreira. Uma de suas maiores inseguranças, seja qual for a área de atuação, é enfrentar o dilema do salário fixo versus os ganhos variáveis. Esse comportamento vem de uma mentalidade construída na infância pela forma como nossos pais lidavam com o dinheiro e reflete duas situações possíveis: 1) Pessoas de mentalidade rica preferem ser remuneradas por seus resultados; 2) Pessoas de mentalidade pobre preferem ser remuneradas pelo tempo que despendem e pelo esforço.

Segundo T. Hary Eker[40], no seu famoso livro *Os Segredos da Mente Milionária*, estas segundas pessoas preferem receber um salário garantido ou ser remuneradas por horas trabalhadas. Precisam da "segurança" de saber que terão aquela exata quantidade de dinheiro todos os meses sempre na mesma data. Elas não percebem, todavia, que essa segurança tem um preço: obter-se resultados na vida muito

---

40 EKER, T. Harv. **Os Segredos da Mente Milionária:** aprenda a enriquecer mudando seus conceitos sobre o dinheiro e adotando os hábitos das pessoas bem-sucedidas. Rio de Janeiro: Sextante, 2006.

aquém do que poderiam e, consequentemente, renunciar à riqueza material e à riqueza de uma plena satisfação profissional.

A vida baseada na segurança é uma vida fundamentada no medo. Na verdade, essa pessoa está dizendo para si: "Temo não ser capaz de ganhar o suficiente pelo meu desempenho, por isso me contento em receber o bastante para sobreviver ou ter algum conforto".

Já as pessoas de mentalidade rica escolhem ser remuneradas pelos resultados que produzem — totalmente ou em parte. Em geral, costumam ter seu próprio negócio, tiram seus rendimentos dos lucros que obtêm e ganham por comissão ou percentual de receita. São pessoas que preferem ações da empresa ou participação nos lucros a salários altos. Observe que nenhuma dessas fontes de renda dá garantias.

Como disse antes, no mundo financeiro as recompensas são geralmente proporcionais aos riscos. Os ricos acreditam em si mesmos, creem no seu valor e na sua capacidade de agregá-lo ao mercado. Pessoas que pensam pequeno, não. É por isso que precisam de garantias.

Outro enorme desafio são as coisas que precisamos deixar pelo caminho nessa jornada profissional. Para atingir seu escopo, um protagonista da própria carreira percorre sua estrada mudando continuamente os equipamentos, os meios e as pessoas. Quando seus empregados, por exemplo, não entregam o combinado e são desligados, mesmo com todo o custo que isso comporta.

Não se deve ter a pretensão de encontrar companheiros eternos no universo corporativo. A verificação frequente dos resultados, do quanto aquele parceiro está ajudando no sucesso do projeto deve ser mais forte que o apreço, a amizade e a gratidão por uma pessoa.

Não estou me referindo aqui a desconsiderar a contribuição histórica de alguém e romper a relação. A estima pode permanecer, mas o projeto deve seguir com novos operadores.

Quando o sujeito não é autêntico consigo e com o outro, essa relação se torna uma manipulação contra si mesmo e contra a própria inteligência, e assim resulta em perda para todos os lados. Isto é, perde-se o projeto, perde-se a relação. Um protagonista sabe que é perigoso manter por perto alguém não funcional, porque a fortuna de uma pessoa é outra pessoa.

Um protagonista, enfim, entende perfeitamente que a ordem "verbal" da consciência vencedora é: SER, FAZER e TER. Somente os *dependentes psicológicos*[41], os sem autonomia, desejam TER sem SER ou sem FAZER antes.

---

41 Por dependente psicológico eu entendo aquele que não vive sua própria vida e imita os outros, ou aquele que não acredita em si e necessita de um adulto de referência próximo.

DICA DO AUTOR: À MEDIDA QUE VOCÊ VAI SE COMPREENDENDO, ISTO É, PRIMEIRO SE ENTENDE E DEPOIS ENTENDE O OUTRO, VOCÊ VAI DESENVOLVENDO RESPOSTAS MAIS FUNCIONAIS AO SEU AQUI E AGORA EM TODOAS AS SUAS RELAÇÕES.

PENSAMENTOS EXPOSTOS SOBRE O ERRO

Uma das maiores barreiras para a mudança é o medo do fracasso. No entanto, a melhor forma para compreender o erro é entender que "ele" é somente um mecanismo: algo que se repete do mesmo jeito e da mesma forma. Dito isso, vale reforçar: não há criatividade no erro.

A maioria dos pensadores que já estudei sobre o tema — como Freud, Adler e Meneghetti — trazem a compreensão de que o erro nasce de um comportamento desorganizado, estabelecido nas fases mais infantis do indivíduo. Assim, quando essa pessoa cresce, permanece com o antigo padrão dos primeiros anos de vida.

Quando crianças, ainda sem nenhuma estrutura de senso crítico, uma vez que estamos em formação da consciência, elaboramos estratégias para sermos agraciados e conseguirmos um primado de atenção dos nossos genitores, irmãos, familiares etc. Muitas dessas estratégias não serão funcionais para além daquela idade infantil, mas como não temos noção clara disso, tornamo-nos adultos que repetem esses comportamentos para obter a atenção de alguém que nos interessa.

Quando criança, eu era um dos mais bonitos entre os meus primos. Aprendi assim a me agraciar com elogios de mulheres mais velhas que eu. Além dos elogios, eu me acostumei a receber afagos adicionais, como um bolo, um doce e a satisfação por me sentir amado.

Na juventude, sempre namorei meninas mais velhas do que eu, mais organizadas e que me ajudavam com conselhos profissionais ou comportamentais. Apesar dos resultados, em sua maioria, ruins, eu gostava daquele acolhimento. Ao chegar à fase adulta, mantive esse mecanismo até cerca dos 30 anos.

Foi nessa idade que, no fundo do poço da amargura e dos insucessos, desconfiei que precisava rever meus modelos de pensamento e procurar uma terapia.

O erro é muito sutil. Gosto de associá-lo à metáfora sobre não sermos capazes de, em sã consciência, cortar um de nossos dedos com uma tesoura, porque isso doeria muito e, provavelmente, desistiríamos do ato. No entanto, se nos furarmos todos os dias com uma pequena agulha, em algum instante o dedo sofrerá uma lesão e cairá.

Muito do que tentei aprender sobre os porquês dos erros que cometemos me levou à autossabotagem. Aliás, registro aqui a falácia do ditado clássico sobre ser "errando que se aprende". Aposto todas as minhas fichas para defender que quase nada aprendemos com nossos próprios erros. No máximo — e somente se estivermos muito atentos —, passaremos a errar de maneira diferente.

Quero deixar claro que nada disso está relacionado com os erros acerca dos objetos, pois esses são fáceis de resolver — para aprender a dirigir e não bater com o carro, por exemplo, basta contratar um instrutor de direção. Estou aqui elaborando sobre o erro nas relações humanas, que é o princípio de tudo.

Esse viés nos leva a associar o erro com o autoperdão. Não me considero um conhecedor de religiões, como o cristianismo, para escrever sobre o perdão, todavia sei o quanto eu sofro quando percebo que errei com alguém, pois além de não saber como lidar com a outra pessoa, também não sei como conduzir tudo o que reverbera em mim.

É nesse ponto que se sobressai a importância do autoconhecimento para que sejamos capazes de tratar internamente — e depois externamente — sobre a culpa. Pedir perdão a alguém que magoamos não é a questão mais difícil. O dilema existe do lado de

O ERRO É MUITO SUTIL. GOSTO DE ASSOCIÁ-LO À METÁFORA SOBRE NÃO SERMOS CAPAZES DE, EM SÃ CONSCIÊNCIA, CORTAR UM DE NOSSOS DEDOS COM UMA TESOURA, PORQUE ISSO DOERIA MUITO E, PROVAVELMENTE, DESISTIRÍAMOS DO ATO. NO ENTANTO, SE NOS FURARMOS TODOS OS DIAS COM UMA PEQUENA AGULHA, EM ALGUM INSTANTE O DEDO SOFRERÁ UMA LESÃO E CAIRÁ.

dentro, quando tantas vezes repetimos um comportamento não adequado como uma espécie de autodefesa e depois colhemos a ruína como consequência. No ambiente de trabalho, um erro nas relações sem a presença do autoperdão pode condenar um projeto inteiro.

Para encerrar o assunto do erro, quero comentar algo que um dos meus mentores afirmou há alguns anos e que considerei demasiadamente polêmico: "A gente erra por preguiça!" Em princípio, não concordei com o que ele pensava. Depois entendi que se tratava de perceber as dinâmicas individuais de cada pessoa diante dos erros e dos acertos.

Considere uma situação em que você fez algo bom e tudo deu muito certo. Sua reação possivelmente será a de se sentir alegre. Nesse caso, a alegria é uma resposta orgânica ao acerto — essa é uma chave importante para compreender que o prazer da realização vem de dentro de nós mesmos.

Agora considere uma experiência de fracasso. Muitas vezes, depois de uma dessas situações, tendemos a repelir a falha e não a assumir. Para isso, adotamos mecanismos de defesa, como a dispersão. Esse é um modo, inconsciente ou não, de justificar o erro e que está muito próximo da procrastinação — em ambos os casos, a intenção é de se desviar do projeto principal. A dispersão começa quando eu me permito ser o objeto da situação e não o sujeito, procurando alguma confirmação fora de mim para o que tem que ser feito.

Outro mecanismo diante do erro está intrinsicamente ligado a uma censura dentro de mim, atestando que não sou digno de algo e que isso é imoral. Ocorre, por exemplo, quando tenho a oportunidade de ganhar dinheiro com um projeto, mas, por não agir de modo responsável com o trabalho, cometo uma falta grave. Internamente tem início um movimento de me fazer acreditar que o dinheiro é sujo e talvez, se eu o recebesse, ele me traria mais problemas do que recompensas.

A preguiça também é uma estratégia de nos fazer aceitar a falha e nos desviar da responsabilidade pelo acerto. Esse hábito nada mais é, porém, do que uma repetição de um padrão infantil muito comum. Talvez você lembre de episódios de sua infância em que não queria fazer algo que lhe pedissem, tampouco desejava viver as consequências dessa recusa. A melhor estratégia, nesses casos, era ficar na cama "com preguiça" para seduzir os adultos e se livrar das obrigações. Em outras palavras, além de não agir conforme esperado pelos outros, você ainda era recompensado com o sossego. Quer maneira mais perfeita de autossabotagem?

Diante da consciência de um erro, lembre-se que a censura, a dispersão e a preguiça não trazem qualquer ganho ou aprendizado. Precisamos, por isso, reconhecer e compreender nossas falhas e seguir adiante. A vida é ação, não reflexão. É movimento e é mudança. A experimentação é a chave para vivermos uma mudança legítima e sem receio da falha, desde que consigamos, de verdade, praticar a Metanoia. Por meio de uma experimentação atenta e livre, conseguimos ativar nossa inteligência e agir sem a interferência dos mecanismos de repetição.

Somente quem internalizar esses conceitos estará apto a dar o próximo passo e liderar grandes times. Aliás, a liderança de times é o foco do nosso próximo capítulo. Sua empresa só alcançará novos patamares de sucesso se a forma como a liderança é praticada melhorar ao longo do tempo.

Uma reflexão final, para despertar seu sono: a autossabotagem se alimenta onde eu não decido, é uma dinâmica de achar que é possível negociar com o erro. Quero ver se você vai conseguir dormir sem antes decifrar esta charada.

DICA DO AUTOR: REAVALIE A SI MESMO QUANDO ACHAR QUE OS ERROS ESTÃO NOS OUTROS, POIS SEMPRE ACHAMOS ISSO E ESTAMOS ERRADOS.

CAPÍTULO 9

LIDERANDO O TIME

Liderar é um assunto tão extenso que poderíamos ter uma enciclopédia inteira sobre este único tema. No capítulo 4, falei sobre as 4 características de um líder de negócios vencedores, e em diversos trechos anteriores e posteriores a este ponto em que estamos, você encontrará pinceladas sobre liderança.

Essas referências cruzadas, que considero inevitáveis, servem para reforçar o conceito e promover o aprendizado de algo essencial para quem deseja se tornar um empreendedor bem-sucedido. Meu foco neste capítulo é abordar a relação entre líderes e seus liderados, além do necessário processo de delegação de funções e responsabilidades.

No livro *O coach de um trilhão de dólares: o manual de liderança do Vale do Silício*[42], os autores Eric Schimdt, Jonathan Rosenberg e Alan Eagle contam a história de Bill Campbell, conselheiro das empresas Apple e Google. Em um dos trechos, eles afirmam: "Sobre Bill, seu primeiro instinto sempre era focar a equipe, não o problema. Em outras palavras, ele focava na dinâmica da equipe, não em tentar resolver seus desafios específicos". Essa frase me chamou muito a atenção porque traz à luz a noção de que estamos sempre no modo de relação. Esse é o princípio da nossa existência e a dinâmica que rege nossas vidas.

---

42 EAGLE, Alan; ROSENBERG, Jonathan; SCHMIDT, Eric. **O coach de um trilhão de dólares:** o manual de liderança do Vale do Silício. São Paulo: Planeta Estratégia, 2019.

Diversos elementos participam das relações interpessoais, desde o contato visual e a impostação da voz até o odor que transmitimos ou o jeito como respiramos — se estamos ofegantes demais, por exemplo, pareceremos ansiosos; se estamos descansados, demonstraremos confiança.

Nesses movimentos, percebemos tipicamente quatro fases claras, segundo o pensador Meneghetti[43]. São elas: empatia, aquisição, estabilização e chantagem.

Empatia é a fase inicial, o momento em que os sentidos do corpo (visão, olfato, tato e audição) se revelam de maneira mais evidente — exceto, obviamente, o paladar, uma vez que não saboreamos as pessoas. Esse é o momento da seleção temática primária, isto é, uma resposta binária sobre agradar ou não agradar. Trata-se de uma etapa muito rápida que causa o conhecido "primeiro impacto do primeiro encontro". Vem daí o ditado popular: "Você não terá uma segunda chance de causar uma primeira impressão".

A segunda fase, aquisição, é mais longa e pode durar de duas semanas a três meses. Nesse período, há abertura para descobertas, aprendizado, curiosidades e exploração de particularidades uns dos outros. Por ser um estágio em que ambos na relação estão interessados no encontro, é raro aparecerem conflitos.

Somente na terceira e penúltima fase, a estabilização, costumam aparecer os comportamentos contidos e escondidos, os hábitos antigos e rígidos, que foram intencionalmente protegidos de qualquer exposição até então para evitar situações desagradáveis entre as partes. É também a partir desse ponto que surgem as permissividades da relação.

---

43 Disponível em: MENEGHETTI, Antonio. **A psicologia do líder.** Restinga Sêca: Associação Brasileira de Ontopsicologia, 2013.

Por exemplo: um certo liderado atrasa em uma hora o horário combinado para o início de uma atividade. O fato passa em branco e ninguém fez qualquer observação. Em outro momento, porém, o mesmo liderado atrasa duas horas. Dessa vez, todos notam e há uma menção em reunião pedindo explicação. Quando isso acontece, está oficialmente instalada a permissividade da relação. O liderado aprendeu que se, por acaso, ele se atrasar uma hora para algum compromisso profissional não precisa de alerta ou justificativa, porém, se atrasar duas horas, deve se alertar e justificar com a antecedência possível para o seu líder.

Esse é o início da fase perigosa das relações, porque traz duas situações de ameaça: 1) A escolha por fingir que não estamos incomodados com comportamentos "novos" que aparecem, de modo a evitar conflitos; 2) Não estarmos atentos aos abusos de permissividade. Se essas ameaças se instalarem, provavelmente nunca mais recuperaremos a relação sadia. Imediatamente aqui se inicia a última fase, a chantagem.

Na chantagem, comportamentos saudáveis de uma relação são substituídos por outros ruins, como transferência de culpa e reações exacerbadas frente a frustrações de ambas as partes. Qualquer mínimo "deslize" torna-se um gatilho para a tensão. A sensação é de estarmos mexendo com faíscas próximos ao depósito de pólvora.

Nesse estágio, líder e liderado, sujeito e objeto da interação, se perdem. Tudo fica mais complexo e demanda grande esforço. Isso acontece quando, em um determinado projeto, o gestor perde o controle do time porque não percebe a fase de estabilização com a equipe e permite que as permissividades nocivas interfiram na produtividade. Ele resolve não agir diante dos maus comportamentos quando eles surgem, e o resultado é um atraso no trabalho.

Em tal cenário, para resolver o problema talvez não seja suficiente substituir o líder ou alguns liderados mais expostos como maus exemplos. Muitas vezes, o único caminho é substituir ambos, pois de nada adianta gritar com o time, aumentar a pressão psicológica, distribuir culpas e afins. Este esforço resultará em quase nada.

A postura mais correta numa posição de liderança de uma equipe é estar sempre alerta a qual fase da relação se está com cada indivíduo. E, ao primeiro sinal de estabilização, agir de maneira ativa e trazer novas propostas e novas atuações para retomar o ciclo da fase de aquisição.

Quando isso não ocorre e uma crise se instala, revelando situações de chantagem, o líder deve manter a dignidade da relação, relembrando o valor de si mesmo e dos demais, sem se colocar como dependente ou frágil diante do chantageador. Deve ainda agir de maneira equilibrada, de modo a não contribuir para a animosidade no ambiente e liberar o chantageador para atuar em outro projeto numa outra equipe. Se isso não for possível, é o fim da relação corporativa, pois é inútil resgatar uma relação que chega nesse ponto, exceto se houver uma gigantesca disponibilidade de ambas as partes para investir nesse objetivo.

A NATUREZA DAS RELAÇÕES

Na fundação da FCamara, uma das mais importantes lições que aprendi sobre a formação de lideranças foi o conceito de respeitar a natureza das relações. Naquela época, eu tinha um jipe da marca Troller, bem equipado e com um motor a diesel capaz de subir uma parede. Em certa ocasião, precisei encarar uma descida muito íngreme, com rachaduras enormes no solo causadas pelas chuvas recentes. Minha viatura (como os jipeiros gostam de chamar seus carros) era bastante confiável e eu me sentia seguro por ter pneus enormes adequados para lama.

Comecei então a descer lentamente o trecho. Engrenei uma primeira marcha reduzida, contudo comecei a fazer muita força com o volante para evitar as rachaduras. Resultado: quase capotei. Foi nesse momento que um amigo mais experiente me ensinou: "Você está indo contra a natureza da relação do seu jipe com a trilha. Não adianta fazer força; solte o volante e dê pequenos toques na direção para encaixar melhor as rodas dentro das rachaduras".

Segui o conselho dele e desci aquela parede impossível numa facilidade incrível, apenas com o carro engrenado, o volante solto e pequenos toques na direção. Com mais confiança — em mim e no motor —, deixei "rolar".

Ao voltar para a companhia depois daquele episódio, percebi que muitas pessoas estavam sendo forçadas a desafios do mesmo modo como eu havia feito com o volante para descer a ribanceira. Resolvi, então, experimentar a mesma solução e passei a deixar cada pessoa agir no seu próprio tempo, na sua própria força. Quando necessário, eu dava pequenos toques a um ou outro para ajudá-los a se encaixar melhor no que estavam fazendo. Na maioria dos casos, os resultados foram infinitamente melhores.

Nessa experiência, minhas evidências práticas demonstraram que é melhor dar mais suporte ao time — ou substituir o líder, se necessário — do que apenas determinar que as pessoas sejam mais fortes e mais rápidas. Aumentar a pressão, exigindo grandes responsabilidades e mais comprometimento, não ajuda no problema real. Essa é uma "solução" de gestores despreparados e desesperados, que usam o tempo contra si e não percebem quando perderam o controle: o claro sinal de que a natureza das relações entrou em desequilíbrio.

Nessa experiência, minhas evidências práticas demonstraram que é melhor dar mais suporte ao time — ou substituir o líder, se necessário — do que apenas determinar que as pessoas sejam mais fortes e mais rápidas. Aumentar a pressão, exigindo grandes responsabilidades e mais comprometimento, não ajuda no problema real. Essa é uma "solução" de gestores despreparados e desesperados, que usam o tempo contra si e não percebem quando perderam o controle: o claro sinal de que a natureza das relações entrou em desequilíbrio.

Vale registrar que esse padrão de comportamento não é novo. Muito do que temos na história da liderança vem das grandes guerras e dos movimentos ditatoriais do século passado. Os chefes corporativos herdaram um estilo de gestão conhecido vulgarmente como gestão por Comando e Controle.

De certa forma, é um pensamento sobre a importância da disciplina fundamentada em poucos pilares, sendo o mais importante deles a subordinação incondicional. Esse modelo — no qual não é permitido questionar, apenas cumprir, obedecer e respeitar — está baseado nos antigos formatos de educação, tanto paternal quando nas escolas mais rígidas, que conduziam o aprendizado pelo viés do comportamentalismo. Sendo mais claro: se fizermos o correto segundo a visão deles, sem perguntar nada, seremos gratificados; do contrário, seremos punidos.

Meu próprio pai, apesar de não ter sido um provedor que se utilizava de violência contra mim, costumava repetir uma frase que eu considerava inútil: "Faça o que eu digo, não faça o que eu faço". Eis, portanto, o caso clássico de uma liderança que não dá o exemplo.

Abro aqui parênteses para revelar que, ainda hoje, tenho dificuldades de entender os pensamentos do meu pai, um indivíduo que foi malsucedido em todos os seus empreendimentos profissionais e que justificava seus fracassos pelo fato de não ter nascido em um berço familiar abastado financeiramente. Em sua dinâmica de vida, carente de inteligência emocional e capacidade de liderança, ele considerava tanto os fatores externos a si como as causas de seus problemas e insucessos, que projetava o pior em tudo em que se envolvia. Era óbvio, portanto, que tudo fosse realmente fadado ao fracasso.

Trouxe aqui essa parte da minha história familiar para mostrar que, em relações de liderança nas quais não há a compreensão da própria função, às vezes se estabelece o que chamo de "gestão por medo". Não é necessário, nesses casos, a violência explícita ou a agressividade nas palavras de comando. O líder apenas age de modo intencional para impedir seu liderado de usar a própria inteligência e habilidades, tornando-o assim um ser "irracional", um ser acuado e mero cumpridor de tarefas.

Quando estamos sendo controlados pelo medo, ficamos sem força para reagir. Isso ocorre porque o medo passa a ser usado como um instrumento de manipulação: ele provoca uma paralisia cerebral que limita ou elimina totalmente nossa capacidade de reação. Frank Herbert[44] afirmava: "Medo é o assassino da mente".

Líderes que utilizam esse mecanismo, contudo, não enxergam que o esforço despendido para manter esse modelo de gestão é um grande desperdício emocional; uma energia no vazio que não gera ganho, aprendizado ou crescimento.

Quando um gestor comenta comigo que irá intensificar a cobrança sobre seus liderados, exigindo que eles trabalhem mais

---

44 Frank Patrick Herbert foi um jornalista e autor de obras de ficção científica. Escreveu a saga Duna.

horas, gosto de recuperar o que li no livro de Susan Cain[45]: "Podemos chamar isso de 'teoria do elástico da personalidade'. Somos como elástico em repouso. Podemos nos esticar, mas só até certo ponto."

Diante de um projeto desafiador, aumentar a pressão nos liderados é uma estratégia de limitado efeito. Primeiro, porque será necessária sua disponibilidade para a microgestão de cada uma das tarefas e de cada um dos liderados. Sem isso, é como gritar aos ventos, nadar contra a tempestade. E segundo, porque você desliga a inteligência dos participantes e desconsidera que a melhor pessoa para resolver um problema é quem vive o problema.

Então, se você é líder e, numa situação complexa, sentir que seu time representa parte do problema e não da solução, recomendo repensar a equipe. Afinal, como afirma Albert Einsten: "Nenhum problema pode ser resolvido pelo mesmo estado de consciência de quem o criou"[46].

---

[45] CAIN, Susan. **O poder dos quietos:** como os tímidos e introvertidos podem mudar um mundo que não para de falar. Rio de Janeiro: Sextante, 2019.

[46] Disponível em: https://bit.ly/3G1uvAU .

O COMPORTAMENTO COMO BALIZADOR DE SUA RELAÇÃO COM O TIME

Comportamentos, expectativas, sonhos. Sem dúvida, nós, humanos, somos os mais enigmáticos animais deste planeta. Inseridos na vida com instintos básicos de sobrevivência, fomos dotados de incríveis ferramentas que até hoje não foram superadas pelas tecnologias existentes. Nossa memória, inteligência, intuição e racionalidade são instrumentos que temos à nossa disposição para vivermos uma evolução fundamentada no aprendizado contínuo.

Acredito que uma das mais nobres missões que recebemos da natureza é aprendermos a nos relacionar e a conservar essas relações. Por exemplo: nossa relação com o oxigênio é inicialmente um instinto que só depois evolui para uma consciência e, à medida que aprendemos a nos relacionar melhor com o ar que respiramos, vivemos melhor, com mais saúde e mais tranquilidade mental.

Nas relações humanas, todavia, é uma tarefa muito mais enigmática e complexa. Para compreender e se relacionar melhor devemos constituir uma noção mais ampla das possibilidades de variações comportamentais. Em outras palavras, estudar muito para a árdua missão de estar preparados para gerir expectativas.

Tomemos como exemplo um jovem profissional que está numa ótima fase de construção da carreira, estudando com seriedade e investindo em desenvolver seus conhecimentos. Num dia de descanso, ele conhece uma pessoa por quem se sente atraído. Acontece que essa pessoa utiliza alucinógenos recreativos e lentamente convence o jovem profissional a experimentar essas substâncias, o que o leva a substituir o prazer que estava sentindo com sua autoconstrução pelos prazeres sensoriais de efeito rápido dos psicotrópicos.

COMPORTAMENTOS, EXPECTATIVAS, SONHOS. SEM DÚVIDA, NÓS, HUMANOS, SOMOS OS MAIS ENIGMÁTICOS ANIMAIS DESTE PLANETA. INSERIDOS NA VIDA COM INSTINTOS BÁSICOS DE SOBREVIVÊNCIA, FOMOS DOTADOS DE INCRÍVEIS FERRAMENTAS QUE ATÉ HOJE NÃO FORAM SUPERADAS PELAS TECNOLOGIAS EXISTENTES. NOSSA MEMÓRIA, INTELIGÊNCIA, INTUIÇÃO E RACIONALIDADE SÃO INSTRUMENTOS QUE TEMOS À NOSSA DISPOSIÇÃO PARA VIVERMOS UMA EVOLUÇÃO FUNDAMENTADA NO APRENDIZADO CONTÍNUO.

Esse caso de variação comportamental é somente um dos milhares possíveis nas nossas relações sociais. Partindo do princípio de que isso pode acontecer a qualquer instante, devemos educar nossa racionalidade para entender que não temos a exatidão de consciência, ou seja, que somos seres divididos entre a capacidade de colher o real do momento (aqui e agora) e a interpretação própria de nosso cérebro.

Explico melhor. Quando uma pessoa que está indo bem na sua autoconstrução entra em contato com alucinógenos, não há qualquer certeza de que ela atravessará a experiência de maneira indiferente ou de que vai se perder nesse novo caminho. Partir de uma posição ou de outra é buscar uma exatidão que não é coerente com a fluidez e mutabilidade das relações humanas.

Dizendo de outra maneira, conhecer previamente uma pessoa que naquele momento lhe parecia qualificada para receber uma importante responsabilidade do projeto não é suficiente. Para o sucesso da delegação faz-se necessária uma verificação periódica, com atenção aos sinais de mudanças de comportamento. Uma aconselhável forma de fazer isso é estabelecer uma cerimônia formal de *feedback* com um período pré-combinado.

Na liderança de um time, somente a atenta proximidade na relação proporcionará a percepção de sinais de mudanças comportamentais. Se estamos desatentos, é recomendado diminuir as expectativas sobre o time, pois não teremos como mensurar a aderência da equipe aos resultados pretendidos para o projeto.

DICA DO AUTOR: NEM MUITO LONGE QUE NÃO POSSA SE APROXIMAR, NEM MUITO PERTO QUE NÃO POSSA SE AFASTAR.

No exercício da minha profissão, a engenharia de software, fazemos cronogramas distribuindo atividades para todos os participantes dos projetos e acompanhamos a execução das tarefas por meio de métodos de gestão de processos. Para isso, existem diversas teorias novas e antigas — sempre há alguém inventando novos mecanismos para melhorar a produtividade e a previsibilidade das pessoas. Não é isso que estou abordando aqui.

A racionalidade não se aplica com exatidão às relações humanas. São os nossos comportamentos que determinam a diferença nos resultados. Esse é o alerta, a compreensão necessária para todo líder que desenvolve projetos com times de pessoas e precisa aprender a manter em alta a motivação, o propósito e a disponibilidade de todos para entregar o que foi combinado.

Um caso clássico de desatenção da liderança é não perceber o que cada profissional do time tem de melhor e deixar de explorar essas características no ambiente de trabalho. Por exemplo: Fulano, um excelente técnico, é bastante comunicativo e criativo, adora conversar e estar junto de outras pessoas para interagir sobre o trabalho em execução. O líder do projeto, mesmo conhecendo o perfil de Fulano, resolve designá-lo para uma atividade que vai exigir dele máxima concentração e foco por uma semana ininterrupta. A tarefa é muito importante e, havendo algum desvio, impactará em todo o projeto. Não é necessária uma bola de cristal para prever o desfecho dessa situação, não é verdade?

Muitos autores que me inspiram sobre o assunto gestão de pessoas — entre eles, Jim Collins, Simon Sinek, Pedro Mandelli e Ricardo Semler — ressaltam a necessidade de entendermos as nuances da ciência comportamental no ambiente corporativo. Em maior ou menor grau, todos defendem a importância individual do líder para o resultado de qualquer iniciativa.

Com eles aprendi que devemos ter uma atenção especial quando nosso número de liderados começa a escalar. Quando isso acontece, devemos nos questionar: "essa pessoa é importante para o projeto?" Se a resposta for "não totalmente", posso entender que ela não precisa ser liderada diretamente por mim. Se a resposta for "sim", devo então me perguntar: "Eu consigo interagir pelo menos uma vez por semana com essa pessoa?" Se a resposta for "não" porque identifico um desequilíbrio na relação, precisarei optar por ajustar em mim essa responsabilidade ou promover alguém para me ajudar com a liderança dessa pessoa.

Em resumo, para perceber as variações comportamentais do meu time, preciso estar próximo e atento a cada integrante, do contrário, serei um líder de imprevistos, de incertezas e de problemas urgentes e indesejados. A escolha, portanto, é minha: ou sou sujeito na relação com tudo que me envolve e me circunda ou sou objeto.

Para concluir este tópico, destaco uma frase do escritor Ian Maclaren[47] que fala muito sobre o tipo de liderança que admiro: "Todo mundo que você conhece está travando uma batalha que você não conhece. Seja gentil sempre."

---

47 John Watson (1850 – 1907) era um ministro religioso da Igreja Livre da Escócia. Ele é lembrado como um autor de ficção, conhecido por seu pseudônimo Ian Maclaren. Entre os seus livros destacam-se os bestsellers "Beside the Bonnie Brier Brush" e "The Mind of the Master".

O QUE EU ESPERO DO MEU TIME

Gestão de expectativas sem feedback é o mesmo que dirigir um carro com os olhos vendados: você até pode saber como funciona o veículo e é capaz de guiá-lo, entretanto não tem a menor ideia de para onde está indo. É só uma questão de tempo — pouco mais ou pouco menos — para bater em algo e estragar tudo.

Numa corporação, a expectativa que os líderes têm de seus liderados deve estar em sintonia com a cultura organizacional. Não se trata somente de uma divulgação ampla de conceitos como visão, missão, mantra, razão de existir e outras formalizações sugeridas por propostas metodológicas diversas. É fundamental haver papo reto, sem rodeios, de modo que cada pessoa saiba aquilo o que é esperado dela e a empresa, por sua vez, conheça os valores individuais e atitudes de quem faz parte do time.

Esse é um filtro que deve ser aplicado em quem chega à empresa e revisto algum tempo depois. Em cerca de quatro meses de trabalho em conjunto, é esperado que já se saiba se o profissional novato está ou não alinhado à cultura organizacional.

Saltando da contextualização para a prática, elenco 4 valores e atitudes que espero das pessoas que trabalham em interação direta comigo: "Investimentos na profissão", "Capacidade de relação", "Quântico de ambição" e "Resultados diretos mensurados". Explicarei cada um em detalhes a seguir.

Numa reunião de feedback — o anglicismo mais compreendido e não traduzido da nossa língua portuguesa —, costumo iniciar o encontro fazendo ao profissional uma série de perguntas sobre seus **investimentos na profissão** nos últimos três meses. Fazem parte dessa "entrevista", questões como: Que livros leu? Quais cursos concluiu? Promoveu ou participou de eventos? Escreveu para algum blog?

Essa é uma ótima abordagem de aquecimento e abertura da conversa para o que está por vir. Além disso, ajuda a renovar a importância do investimento contínuo no aprendizado para o crescimento na carreira.

Nos dias atuais, em que tudo é digital, nossa base de conhecimentos tende a ficar rapidamente desatualizada ou obsoleta. Um ano corrido sem motivação para curiosidades e atualizações pode significar um importante retrocesso na maturidade profissional. Se eu era sênior, após esse período improdutivo certamente regredirei para o nível pleno. Por essa razão, essa atualização deve ser constante e perene.

Já a **capacidade de relação** é a abertura do indivíduo para uma conversa franca sobre os níveis de satisfação de todas as interações necessárias para o desenvolvimento de um resultado positivo. Significa que ele precisa ter habilidade para construir relações saudáveis com os clientes, os líderes, os pares, os liderados, os parceiros e os fornecedores. Todos, sem exceções, devem estar em harmonia produtiva, ou seja, se relacionar com pessoalidade, respeito e confiança.

A terceira e talvez mais polêmica característica que espero de quem trabalha comigo é o **quântico de ambição**. Por definição, considero quântico como uma espécie de vetor, direção adicionada à força, potência. Já ambição significa, no aspecto mais positivo da palavra, anseio veemente (desejo intenso) de alcançar determinado objetivo, de obter sucesso.

A ambição, nesses casos, aparece entrelaçada à motivação, pois um indivíduo sem ambição não tem motivação alguma para se levantar da cama ao abrir os olhos quando acorda pela manhã. São os motivos para a ação que nos fazem enfrentar a preguiça e perseguir nossos alvos.

Uma conversa sobre nossas ambições deve ser sempre clara e objetiva. Por isso, quando um liderado não abre sua mente para uma conversa sobre o seu quântico de ambição, recomendo desviar o assunto com diplomacia e pular para o último tópico do feedback.

A última característica fundamental nos profissionais dos meus times diz respeito à objetividade quanto aos **resultados diretos mensurados**. Trata-se de pura matemática acerca de qualquer lista de responsabilidades. É simples e binário: o profissional fez ou não fez o que era esperado dele? Lidar com projetos, ações e resultados sob essa premissa é libertador e, pode ter certeza, poupa tempo de todos os envolvidos.

A falta da verificação dos resultados diretos é uma autossabotagem empresarial e tem consequência falimentar. Recentemente assisti ao filme "Tudo ou Nada" no Netflix, o qual é baseado no livro "Tudo ou Nada", da escritora Malu Gaspar. Em Tudo ou nada, Malu Gaspar revela os bastidores, segredos e modus operandi do grupo X, de seu nascimento à bancarrota, e radiografa a excêntrica biografia de seu criador — o famoso empresário brasileiro Eike Batista.

O enredo revela com clareza que o Eike não mensurou os resultados diretos de um personagem que no filme foi chamado de *Doctor Oil* (doutor óleo, em inglês). Por estar obcecado com a possibilidade da vitória do seu plano megalomaníaco[48] para a empresa OGX e por vaidade narcisista, Eike desconsiderou os alertas de seus conselheiros fiéis e seguiu cegamente as previsões, que não se confirmaram, do *Doctor Oil*.

---

48 A megalomania é uma condição psicopatológica caracterizada por fantasias delirantes de poder, relevância ou onipotência e autoestima desproporcional. É aquele tipo de pessoa que despreza os outros por se considerar superior a eles, devido a uma egolatria superdimensionada.

O CAMINHO PARA A FIDELIZAÇÃO DE TALENTOS

Para terminarmos o capítulo, um tema fundamental da boa liderança é a sua capacidade de fidelizar talentos.

Muito se questiona hoje sobre o fato de as companhias não conseguirem fidelizar seus talentos, independentemente de bonificações e benefícios. Entre tantas explicações possíveis e plausíveis, a globalização dos serviços é uma realidade. Os profissionais modernos e competentes não são mais dependentes de um empregador e, portanto, não se permitem ficar presos.

Cada vez mais, têm se acentuado as oportunidades para que as pessoas trabalhem sem fronteiras. Não é raro encontrar brasileiros que mantêm suas declarações de imposto de renda em território nacional, moram temporariamente em Portugal e prestam serviços para empresas dos Estados Unidos ou Europa.

Nesse mar de possibilidades, fidelizar um talento hoje tornou-se um grande desafio. Nas minhas experiências práticas, gosto de destacar e repetir que há um caminho que se tem revelado bastante eficiente para gerir o quadro de pessoas da minha companhia sem perder bons nomes para o mercado: o vínculo professoral.

Todos nós lembramos do colega de trabalho, do professor universitário, do chefe que foi uma espécie de anjo da guarda ao nos apoiar em nosso aprendizado profissional. Eu tive tantos que seria até injusto tentar citá-los e cometer algum "pecado" por esquecimento.

Principalmente nos momentos iniciais da nossa carreira ou quando acabamos de assumir um cargo, tudo o que desejamos é encontrar uma pessoa bacana que nos ajude e nos inspire. Muitos desses nos orientam inclusive além da própria atividade laboral, porque nos trazem valores que levaremos para toda a vida.

Sem medo de errar, afirmo, portanto: se você quer fidelizar seu time, os profissionais que trabalham na sua companhia, não entre na guerra dos altos salários, pois sempre haverá algum lugar que pode pagar mais do que sua empresa. Tampouco entre na guerra dos benefícios, já que sempre existirão multinacionais super lucrativas que distribuem dividendos para todos os seus funcionários no formato de benefícios.

Seu foco deve estar em buscar ser uma empresa de formação. Para isso, patrocine um ambiente no qual todos os veteranos são estimulados e recompensados por mentorear novos entrantes. Este, sim, é um vínculo saudável que pode se estabelecer nos meios corporativos e profissionais e ajudar a reter talentos e fomentar a busca pelo aprendizado.

Se o índice de desligamentos involuntários está aterrorizando sua empresa ou o seu time está com alto índice de rotatividade, invista na cultura das mentorias internas: crie sessões de treinamento *in company*, desenvolva o hábito de reuniões de aprendizado e observe os resultados. Quando essa prática se incorporar à sua gestão, você será um líder rodeado de grandes — e satisfeitos — talentos.

Vamos voltar nosso olhar, no próximo capítulo, para o líder enquanto indivíduo.

CAPÍTULO 10

A PESSOA LÍDER

Falando de líderes, é fundamental, antes de tudo, a pessoa! Antes do profissional entrar em cena, quem comanda as ações é o indivíduo, com seus valores, crenças e particularidades. O *Projeto Líder*[49] indica o dirigente, a pessoa-vetor, o responsável por controlar as operações em torno de si.

A pessoa líder possui algumas características marcantes. Ela é substancialmente alguém que oferece as condições necessárias para que os demais integrantes da equipe possam realizar o projeto adequadamente. Assim sendo, antes de receber algo (colher), ela precisa ofertar algo (plantar/cultivar) para seu grupo. A pessoa líder sabe, acredita e obedece a uma regra social simples: somente aquele que sabe servir mais do que os outros pode comandar. Somente assim será verdadeiramente seguido pelos seus liderados.

O líder tem uma vocação natural e uma vontade distinta. O adjetivo "distinto" é um termo de prestígio da alta filosofia. Nós somos iguais a todos como humanos, mas somos distintos de todos como identidade, como unicidade. Distinto está sempre relacionado há algo nobre e qualificado quando se trata de liderança.

Além da vocação natural, são necessários estudo e desenvolvimento para se formar um líder funcional e útil. Se o líder não está disponível para o sacrifício desta formação, será um desperdício da natureza. Por isso, o estudo nos forma e nos dá forma, mas não nos faz.

---

49 MENEGHETTI, Antonio. **Projeto Líder**. Distrito Recanto Maestro, São João do Polênise, RS – Fundação Antonio Meneghetti, 2022.

A PESSOA LÍDER SABE, ACREDITA E OBEDECE A UMA REGRA SOCIAL SIMPLES: SOMENTE AQUELE QUE SABE SERVIR MAIS DO QUE OS OUTROS PODE COMANDAR. SOMENTE ASSIM SERÁ VERDADEIRAMENTE SEGUIDO PELOS SEUS LIDERADOS.

O líder tem uma formação bem específica. Não é uma formação de estar simplesmente atualizado com o que acontece no mundo, de acompanhar as notícias dos jornais e de estar conectado com os assuntos temporais inventados pelos vendedores de horas e processos (amplamente conhecidos como consultores). Ele precisa ter o interesse genuíno por pessoas, tendências comportamentais, diferenças geracionais, características de etnia e genitura[50], eventos socioculturais marcantes, novas tecnologias etc.

Por falar nas tecnologias atuais, elas tanto podem trazer benefícios quanto malefícios. Pelo lado positivo, elas são instrumentos que auxiliam as pessoas a melhorar aspectos de gestão pessoal e da equipe, principalmente no que se refere à gestão do tempo — que é o único recurso que não recuperamos se o desperdiçarmos.

Por outro lado, as novas tecnologias também são instrumentos de exposição excessiva. A consciência de privacidade que temos hoje é muito diferente daquela que tínhamos há algumas décadas. Atualmente, muitas pessoas acham divertido, natural e inofensivo quando expõem rotinas, preferências, opiniões e dados para o mundo inteiro. Elas não percebem o quão perigoso e danoso é esse comportamento. Em muitos casos, as pessoas se tornam escravas de seus novos hábitos.

Por exemplo, um chefe de departamento tinha o costume de fazer ligações telefônicas desnecessárias e com assuntos banais para sua equipe tarde da noite, de madrugada ou aos finais de semana. Ele também exigia que seus e-mails fossem respondidos rapidamente, independentemente das circunstâncias e dos momentos em que eram enviados. Ele não percebia que o fato de ter à sua disposição os funcionários quando bem quisesse não lhe dava o direito de incomodá-los nos horários de lazer, repouso ou fora do escritório.

---

50 Ver sobre Alfred Adler e os estudos sobre a Ordem de Genitura, conforme Capítulo 3.

As pessoas estão muito mais conectadas às suas empresas do que jamais estiveram. Elas também estão mais conectadas com familiares e amigos. O dia inteiro, não importa onde se está, há a possibilidade de interação simultânea com assuntos profissionais, com temas particulares de nossos lares e com piadas que fazem sucesso online.

É exatamente na mistura confusa de momentos de trabalho e de lazer que reside o perigo e os malefícios dos dispositivos móveis. Se esses aparelhos nasceram justamente para ajudar as pessoas com produtividade e satisfação, seus usos por vezes polêmicos e equivocados estão distorcendo a relação dos líderes e de suas equipes, tornando-os menos produtivos.

Certamente não é um problema da tecnologia em si. A ferramenta não é nada mais do que o uso que fazemos dela. O fabricante de uma faca de cozinha produz um utensílio doméstico muito útil. A empresa não é responsável por qualquer uso indevido que os clientes façam de sua criação. Assim são as tecnologias. O uso inadequado dos novos aparelhos e dos recursos digitais é nossa falha. Tanto como líderes quanto como liderados, precisamos aprender a administrar nosso tempo e definir nossas prioridades. A partir das nossas regras de facilidade e de disponibilidade, seremos acessados/ interrompidos ou não pelas pessoas.

É importante destacar que o líder legítimo tem ciência das vantagens e das desvantagens inerentes ao uso da tecnologia. Para ele, os aparelhos móveis e o universo digital são instrumentos saudáveis de interação. Nesse caso, a tecnologia se torna aliada, sendo possível estar próximo da equipe mesmo quando se está distante presencialmente. Portanto, a pessoa líder é hábil em gerir uma hierarquia de prioridades. Em outras palavras, os profissionais devem possuir uma lista organizada e consciente sobre quais pessoas ou temas devem ser tratados com urgência, quais podem aguardar e, por último, quais são apenas para descontração.

Simultaneamente, a pessoa líder deve divulgar para todos os envolvidos como irá funcionar a interação com ela. A expectativa de resolução dos problemas de projetos e a necessidade de se entender os problemas dos liderados são fatores críticos na gestão das relações profissionais. No nosso grupo de empresas, temos 3 regras básicas de interação dos funcionários com seus líderes. Elas estão explicadas no quadro a seguir.

Três regras básicas de interação com todos os líderes do grupo FCamara

Acessibilidade	Todos na organização sabem quando, como, onde e por que devem/podem acessar seus líderes.
Disponibilidade / Prontidão	Todos na organização têm uma expectativa realista do tempo de resposta da liderança. Isso passa tranquilidade ao time e se evitam ansiedades desnecessárias
Maestria na comunicação	Todos na organização devem ter cuidado com um protocolo, um exemplo, um modelo, considerando que a comunicação não é apenas verbal. Como nos vestimos, como reagimos às situações imprevistas, como demonstramos serenidade ou agressividade também entram nessa equação.

OS 5 NÍVEIS DE LIDERANÇA

Nem todos nascemos líderes ou desejamos nos desenvolver para assumir esse papel. Isso é normal. Se estamos em conformidade com nosso projeto original, saberemos conduzir com naturalidade a escolha de um bom gestor para nossa própria empresa. É uma informação desviante assegurar que todos devemos ter talento e capacidade para a liderança. Quem faz tal afirmação ignora a subjetividade de cada pessoa e adota modelos sociais que defendem a tese de que profissionais bem-sucedidos necessariamente devem ter esse ou aquele perfil.

Falo, obviamente, do estereótipo do líder corporativo, uma vez que, na prática, somos todos líderes de nós mesmos e de nossas vidas. Lideramos quando despertamos e resolvemos sair da cama para ir trabalhar. Lideramos quando escolhemos o que comer e onde comer. Lideramos quando escolhemos nos casar ou não. Cada uma das decisões íntimas e cotidianas que estipulamos é prova da nossa liderança.

Superada a falsa regra social de que precisamos ser líderes a todo custo, acredito que o momento ideal para definir se desejamos encabeçar um projeto empresarial próprio ou nos tornar executivos de alguma organização deve ocorrer após os 35 anos de idade. A cronologia profissional, segundo minha humilde opinião, é a seguinte:

> ▶ Até os 25 anos: escolher a profissão, experimentar diversas possibilidades e sentir na prática em que caminho houve sinergia;

> ▶ Até os 35 anos: investir ao máximo na profissão escolhida para se formar competente e tornar-se um expoente/especialista no que faz. É o tempo de dedicação e aprendizado. Não se deve pensar em capitalizar antes dos 40 anos, porque quase ninguém tem maturidade para se tornar verdadeiramente rico antes desse marco etário;
>
> ▶ Após os 35 anos: verificado que se é reconhecidamente competente no que se faz, é o momento para colher o que foi semeado. Por volta dessa idade, estamos com a melhor consciência para um caminho executivo — escolher um bom patrão ou investir em um negócio próprio.

Ao passar para essa última fase — e tendo optado por seguir o rumo da liderança empresarial —, devemos verificar em qual nível de liderança queremos nos situar. Segundo Jim Collins, em *Empresas feitas para vencer*[51], pesquisas realizadas em diversas organizações revelaram que existem 5 níveis de liderança:

> **Nível 1 — Indivíduo altamente capacitado:** é o líder que contribui produtivamente com o talento, o conhecimento e o bom funcionamento técnico.
>
> **Nível 2 — Membro influenciador do time:** é o líder que contribui com suas capacidades pessoais de modo a realizar os objetivos do grupo.

---

51 COLLINS, Jim. **Empresas feitas para vencer**: por que algumas empresas alcançam a excelência... e outras não. Rio de Janeiro: Alta Books, 2018.

> **Nível 3 — Gerente competente:** é o líder que organiza as pessoas e os recursos rumo à eficiência predeterminada, reconhece o melhor de cada um e distribui as funções conforme a capacidade de cada integrante da equipe.
>
> **Nível 4 — Líder eficaz:** é o líder que catalisa o comprometimento com uma visão clara e forte, e estimula os padrões mais elevados de desempenho de todos os liderados.
>
> **Nível 5 — O líder nível 5:** é o líder que constrói excelência duradoura por meio de uma combinação paradoxal de humildade pessoal e força de vontade baseadas no profissionalismo.

Collins resume[52] que o líder de nível 5 é representado pela união de humildade e vontade. É um caso de dualidade: modesto e determinado, humilde e destemido. Para ele, as empresas com os melhores resultados são as que possuem os líderes nesse patamar.

Entrando em uma outra seara — não citarei a fonte, mas posso dizer que está num livro maçônico —, a liderança também pode ser medida em níveis de força, energia e luz:

> ▶ **Líder no nível força** — depende exclusivamente do seu esforço direto para mover pessoas e coisas para um objetivo. Tem uma atuação sempre presente.

---
52 Ibidem.

- **Líder nível energia** — é aquele que influencia as pessoas pelo seu exemplo, seu comportamento, suas palavras e sua forma de conduzir seus projetos. Inspira todos que o conhecem.

- **Líder nível luz** — é aquele que influencia pela sua imagem, textos, ensinamentos que registrou e que permite ser acessado. Ele nem precisa estar vivo ou presente, pois inspira com o legado que deixou e a história que escreveu. Sabe que o projeto não tem uma linha de chegada, por isso, não trabalha com metas e enxerga tudo como uma jornada, um caminho contínuo no qual se percebe a evolução na comparação consigo mesmo.

Tanto o líder nível 5 de Collins como o líder nível luz da escola maçônica é aquele que descobriu o critério infalível das relações saudáveis e produtivas com as outras pessoas, da construção fidedigna de si mesmo e da intuição vencedora. Nada disso, porém, é possível alcançar sem autoconhecimento.

O PAPEL DO CHIEF MEANING OFFICER (CMO)

Dar sentido às coisas: esta é a melhor tradução para a posição de Chief Meaning Officer (CMO) e a melhor característica do líder que é *manager* na era digital.

Dar sentido, dar significado, esquivar-se da "infoxicação"[53] e dar identidade à inteligência do saber. Dar identidade significa uma força, um diferencial. É criar utilidade para a informação e torná-la funcional. Todos da equipe podem acessar as mesmas informações. Porém, só o CMO dá à informação utilidade, aplicação prática e contextualização para seu uso instantâneo — nem para ontem nem para amanhã. Ele simplesmente mostra o modo como as informações servirão para a melhoria e o crescimento da organização.

O CMO sabe dar distinção a cada tipo de informação. Para compreendermos o termo distinção da frase anterior, temos que dividir a argumentação em 3 aspectos: o aspecto de produção, o aspecto do relacionamento e o aspecto específico. Em relação à produção, precisamos entender o viés produtivo das informações levantadas. Há ganho econômico? Como a estratégia dos negócios será afetada? Depois, chegamos à seara do relacionamento. Se determinada informação se refere a um sujeito e a um objeto, quem são eles? Toda informação tem um certo culpado e uma certa vítima. Por último, entremos no aspecto específico. Quem é o agente e quem é o interessado ou o manipulado que sofre com a informação?

---

53 Termo utilizado amplamente na internet. Criado pelo físico espanhol Alfons Cornella em 1996, o termo infoxicação é resultado da soma das palavras informação e intoxicação. Ela corresponde ao excesso de conteúdos que recebemos diariamente e não conseguimos absorver, causando dispersão, estresse e ansiedade.

Vejamos um exemplo bem contemporâneo. Temos visto muitas informações saindo recentemente nos meios jornalísticos sobre uma espécie de Nova Guerra Fria, tensão diplomática e de relações exteriores entre Estados Unidos e China. Todos na empresa podem acessar essas notícias das mais diversas formas e elaboram suas próprias convicções e hipóteses sobre os fatos. O nosso CMO me disse: "Vamos abrir uma unidade no México o quanto antes. Nos EUA as leis são muito ruins para trabalhadores braçais. Porém, tão logo haja algum rompimento nas relações entre Estados Unidos e China, grande parte das indústrias manufatureiras que produzem na China irão se instalar no México".

Note que o CMO é o líder que se prepara para separar a informação do meme, a real mensagem por trás do dado banal. Ele sabe refletir sobre os acontecimentos sem manipulações e influências dos jornalistas que relataram as notícias no calor da hora e das emoções.

Os quatro pilares do CMO, segundo minha visão, são separados em dois fundamentos: o eu e o outro. Nesse caso, o "eu" está relacionado ao autoconhecimento e à autogestão, enquanto o "outro" está vinculado à empatia e à gestão do relacionamento.

Dar sentido, sob tais aspectos, significa ter capacidade de adaptação a qualquer cenário interno e externo. Vamos ilustrar melhor esse conceito com alguns exemplos práticos.

Num contexto em que a economia está com a taxa de juros muito baixa, gerar riquezas é sinônimo de trabalhar com a economia real, produzir muito e ter uma capacidade de escala geométrica. Quanto mais dinheiro se coloca na produção, mais territórios se conquistam.

Quando a economia opera com taxa de juros muito alta, gerar riquezas passa pela lógica da lei do mais esperto e do mais forte, segundo as regras do capitalismo selvagem. Os recursos são usados, nesse caso, para comprar os falidos economicamente, seja com dinheiro, com infraestrutura ou com administração.

Em um ambiente reconhecidamente caótico, o líder deve estar o tempo inteiro preparado para a ação e atento às informações disponíveis para a tomada de decisão. Ele deve constantemente se perguntar:

- O que sei fazer?
- O que me sustenta?
- Minhas escolhas estão respeitando minha identidade — este trabalho vai ao encontro da minha natureza?
- Minhas escolhas estão sendo utilitaristas — este trabalho serve para mim?
- Minhas escolhas estão sendo funcionais — este trabalho serve para mim aqui e agora?

Independentemente se vivemos períodos de crise ou de crescimento contínuo, a essência para liderar passa por seis características, segundo o que o meu mentor José Dornelas escreveu em seu mais brilhante livro intitulado *Empreendedorismo: transformando ideias em negócios*[54]:

1. Estilo Gerencial
2. Busca de oportunidades;

---

54 DORNELAS, José. **Empreendedorismo**: transformando ideias em negócios. Rio de Janeiro: Empreende, 2021.

3. Adaptabilidade a mudanças
4. Inconformismo
5. Fazer acontecer
6. Fazer diferente

Na história do empreendedorismo, sempre houve as fases das mil maravilhas, os momentos da explosão de crescimento, os períodos da maturação dos negócios e, como não poderia ser diferente, os ciclos da instabilidade e os estágios da quebradeira geral. O que mudou com a digitalização é que essa dinâmica passou a acontecer de um jeito mais rápido e intenso.

Por essência, o CMO é um empreendedor. Ele é capaz de ter foco no atual momento e, ao mesmo tempo, ter foco na nova fase que se vislumbra lá na frente. Como um verdadeiro líder, está preparado para a era digital em que vivemos hoje e que se intensificará cada dia mais.

No próximo capítulo, nossa atenção será direcionada para a forma como você deverá lidar com a transição (a saída) de sócios que acontece de tempos em tempos.

CAPÍTULO 11

PARA LIDAR COM A TRANSIÇÃO DE SÓCIOS

Toda jornada empreendedora tem um pé na solidão. Quando se embarca na aventura de fundar uma empresa — que vem a se tornar uma grande corporação —, uma das primeiras lições a ser assimilada é a compreensão de que haverá funções, intenções e contextos em que você estará sempre sozinho. Vai carregar segredos que só você sabe; terá medos os quais não contará a ninguém. Muitas vezes, chorará escondido e terá pavor que uma palavra mal utilizada com o time provoque uma debandada, gerando crises e prejuízos.

Nessa trajetória, um grande desafio a ser enfrentado é a transição societária, ou seja, o fim de uma sociedade com alguém que comprou seu sonho, compartilhou seus princípios e caminhou ao seu lado por um período, porém, por acaso do destino — e da complexidade das relações humanas —, a continuidade de sua presença na empresa deixou de fazer sentido.

Seja por falta de interesse, novos desafios ou incompatibilidade de vontades e estilos, o fato é que não é simples romper uma parceria com alguém que acreditou no seu projeto e investiu dinheiro nele. Porque, de repente, tudo pode desmoronar e os valores podem se inverter, caso a pessoa permaneça.

Assim como os casamentos, sociedades chegam ao fim. Eu não conheço uma única companhia que não tenha experimentado uma dessas separações com um certo grau de trauma. Porém, essa cisão pode ser mais fácil ou difícil a depender da sua maturidade para

TODA JORNADA EMPREENDEDORA TEM UM PÉ NA SOLIDÃO. QUANDO SE EMBARCA NA AVENTURA DE FUNDAR UMA EMPRESA — QUE VEM A SE TORNAR UMA GRANDE CORPORAÇÃO —, UMA DAS PRIMEIRAS LIÇÕES A SER ASSIMILADA É A COMPREENSÃO DE QUE HAVERÁ FUNÇÕES, INTENÇÕES E CONTEXTOS EM QUE VOCÊ ESTARÁ SEMPRE SOZINHO.

enfrentar a transição, afinal, pessoas mudam, projetos mudam. Faz parte da competência de um empreendedor saber conduzir essa transição com a menor dor possível.

Nos primeiros anos da FCamara, uma dessas rupturas quase quebrou a nossa empresa. De longe, foi um dos momentos mais complexos da minha história empreendedora. Ocorreu quando, depois de dois anos me debatendo com um sócio que ingressou na empresa por me convencer de que tinha condições de levá-la para outro patamar de crescimento e sucesso, e se tornou num pesadelo, consegui encerrar a sociedade e respirar aliviado outra vez. Na época, eu não sabia que lidar com aquele problema seria tão complexo. No entanto, ao fim de tudo, pude entender que a experiência serviu para que eu aprendesse algumas lições que podem ser úteis para quem está passando por um desses processos de cortar o cordão.

A primeira coisa que aprendi e sigo até hoje é tentar perceber os sinais pré-transição, isto é, observar indícios que possam sugerir que uma relação societária está entrando em um processo de desidratação. Uma das maneiras de fazer isso é utilizando os preceitos da Ordem de Genitura de Adler, conforme expliquei no início deste livro. Por meio desse método — que associa a ordem de nascimento e a afetividade na relação entre irmãos —, eu consigo traçar gatilhos pré-estabelecidos e estereotipados, sobre os quais consigo fazer alguma gestão. Assim, na prática, posso prever eventos iminentes que disparem um desvio comportamental na pessoa, levando-a a se desinteressar pela sociedade.

É quase como avaliar alguém por aquilo que ela publica em uma rede social: há um pouco dos seus valores, seus sonhos, suas redes de relações. Conhecer esses elementos ajuda a antecipar atitudes e a definir melhores estratégias, caso seja necessário romper uma relação societária.

Um exemplo desse tipo de observação ocorreu na relação com minha filha. Sou pai de uma menina de 15 anos que carrega todas as necessidades e exigências típicas da adolescência. Por eu ser um workaholic e convicto, tínhamos alguns embates sobre a minha disponibilidade de tempo. Nossa relação começou a mudar quando comecei a observar quais eram seus gatilhos de vínculo emotivo. Descobri que uma das questões pessoais de maior força para a construção da identidade dela é o sucesso nas notas escolares: ela gosta de ser reconhecida como uma boa aluna e se dedica bastante a isso.

O que eu fiz com essa informação? Passei a acompanhar de perto todo o período de provas, mostrando que desejo participar de algo que é importante para ela. Hoje, assim que recebo o calendário escolar, agendo todas as datas dos exames e monitoro como ela está se sentindo, se está preparada, como se saiu. O simples fato de fazer essa gestão de um assunto relevante para ela mudou nossa comunicação em 1.000%. E isso é algo que busco fazer com todos os profissionais que estão próximos de mim.

É importante perceber ainda que esses vínculos emotivos podem se modificar ao longo do tempo, por isso é preciso estar atento a qualquer novo elemento indicativo de uma mudança de intenção e de comportamento que, consequentemente, apresente riscos de impactar na qualidade do trabalho e culmine em um desinteresse pela empresa. Isso inclui desde um problema de saúde na família a um relacionamento extraconjugal, por exemplo.

Há uns anos, tive um sócio cuja namorada morava em outro Estado. Como ele desejava se organizar financeiramente para trazê--la para perto e poderem se casar, ele começou a trabalhar cerca de 16h por dia. Sua produção cresceu vertiginosamente e seu foco estava 100% dedicado a conseguir juntar o dinheiro que precisava. A dedicação, claro, foi excelente para os resultados também da empresa.

No entanto, quando atingiu seu objetivo e eles ficaram juntos, essa curva se inverteu: ele reduziu de maneira drástica o tempo dedicado ao trabalho, passando a ficar muito tempo ausente da empresa. Eu sabia que aquilo seria um problema para o time e o convidei para uma conversa franca. Expliquei que estavam todos sentindo falta de sua presença e que seu desempenho havia sido negativamente afetado. Ele revelou que estava em conflito, mas que havia optado por seguir um novo estilo de vida. Assim, disse-me que o melhor caminho seria vender a sua parte e se desligar da companhia.

MOVIMENTOS LENTOS DE UM JOGO DE XADREZ

O impacto imediato da descoberta da necessidade de uma transição societária é sempre difícil, principalmente quando envolve muita pessoalidade. Não há fórmulas, e cada situação se desenrola de uma maneira diferente. Em alguns casos, as pessoas que sinalizam o desejo de encerrar uma sociedade estão apenas querendo chamar a atenção; querem mostrar que estão incomodadas com algo e precisam se sentir importantes.

Depois de muito penar, aprendi que, diante desses cenários, o mais importante é ser acolhedor e tentar entender o que de fato esconde a vontade de desfazer o vínculo. Quando é possível, a situação se reverte, por meio de muito diálogo e da compreensão de que ajustes são necessários na relação. Do contrário, estabelece-se de fato uma transição, que pode desencadear para uma negociação cujo desfecho quase sempre se revela desgastante para ambos os lados.

Se, todavia, eu tenho o interesse na transição, mas o sócio em questão resiste, dá-se início a um jogo de xadrez com o objetivo de ver quem cede primeiro. A minha estratégia, nesses casos, é adotar movimentos calculados e ter em mente que esse será um processo longo. Será preciso, portanto, muita paciência para não agir de maneira intempestiva que se traduza em um tiro no pé.

Uma das minhas primeiras atitudes é tirar a função do outro, ou seja, isolar a pessoa das suas responsabilidades significativas dentro da companhia até que ela própria sinta a perda de seu papel. Para isso, é preciso se aproximar do time que está vinculado a ela para obter colaboração. Todos devem estar alinhados ao entendimento de que esse movimento é necessário e estratégico para a sustentabilidade dos negócios, a preservação da identidade da empresa e para o bem-estar profissional da pessoa que está saindo.

A segunda precaução a se ter em mente é preparar o que chamo de "porta de saída": mostrar as possibilidades que virão após a transição, as oportunidades em vista. Se não houver essa rota de escape, o indivíduo se sentirá sem opção e vai resistir, arrastando o desligamento até um doloroso fim. Tentando explicar melhor, num conflito com o seu sócio, é crucial ter consciência que o sucesso da negociação depende majoritariamente de você proporcionar uma opção de acordo. Ao estarmos num embate sem nenhuma opção de saída, lutamos com todas as nossas energias até o fim de nossas forças. Quando existe uma alternativa, nos primeiros momentos seu sócio a rejeitará, mas com o passar do tempo, à medida que os desgastes vão incomodando, o "princípio de economia" prevalecerá e aquela opção de saída se torna uma possibilidade viável para cessar a disputa.

Por princípio de economia, quero dizer que em algum momento haverá bom senso, se perceberá o desperdício. Afinal, se um sócio se sente rejeitado, se ele se sente desconsiderado na sociedade, este "salário emocional" já é bem difícil de se pagar. Porém, se, além de rejeitado, ele se sente enganado ou injustiçado, considerará que já perdeu tudo e assim terá uma atitude "kamikaze" na disputa. Por isso, sempre conduza para que o seu sócio, ou as pessoas que o assessoram na negociação do conflito, percebam que você genuinamente está proporcionando uma alternativa razoável para a conclusão do embate.

Quando isso acontece, ou seja, não existe uma opção reconhecida como razoável na mesa, perde-se o escopo da relação — algo

DICA DO AUTOR: O MENOR PREJUÍZO É SEMPRE O PRIMEIRO. ISSO QUER DIZER: O MAIS RÁPIDO, ENVOLVENDO MENOS PESSOAS. COLOQUE UMA NOTA ADESIVA NO SEU ESPELHO DO BANHEIRO PARA VOCÊ PENSAR NISSO TODAS AS MANHÃS QUANDO FOR SE LAVAR ATÉ O DIA DA SOLUÇÃO DA DISPUTA.

essencial para o bom funcionamento e a evolução de qualquer negócio —, e verifica-se um gigantesco desperdício de energia, recursos e tempo. Nessas horas, o que me faz sentido é ficar diante do espelho e me perguntar:

— O que é mais importante para mim: essa pessoa ou a companhia?

A resposta me ajuda a aplainar o aborrecimento e me dá condições de agir com a máxima racionalidade possível.

Vou compartilhar com você, no próximo capítulo, alguns pontos que considero bastante importantes para se trabalhar bem o planejamento e a execução na sua empresa.

CAPÍTULO 12

PLANEJAMENTO E EXECUÇÃO PARA EMPREENDEDORES

John Davison Rockefeller, famoso magnata de negócios do segmento do petróleo, filantropo e conhecido como o americano mais rico de todos os tempos, dizia que um bom gerenciamento consiste em mostrar a pessoas comuns como fazer o trabalho de pessoas excelentes. Na minha percepção, isso significa que os profissionais conseguirão atuar de modo incrível se estiverem inseridos dentro de uma cultura que valorize tanto o planejamento como a execução.

Neste capítulo, vamos conectar esse pensamento com a importância de um bom planejamento, que nos permita uma execução transparente e eficiente das etapas de um projeto, de modo a motivar as pessoas a terem resultados positivos. Antes de avançar, entretanto, vale destacar que meu foco está voltado aqui aos ambientes menores, empresas pequenas ou ainda iniciantes, nas quais há mais chance de existir um nível mais profundo de pessoalidade. Nesses cenários, é possível fazer planos mais abstratos, realizar processos flexíveis e ser bem-sucedido, porque existem relações mais próximas e, consequentemente, laços de confiança mais robustos entre as pessoas.

Por outro lado, quando uma companhia cresce e atinge um tamanho em que esse tipo de relação se torna mais difícil, surge a necessidade de um fluxo operacional mais qualificado. Tudo deve então estar alinhado de modo que as atividades sejam cumpridas independentemente de quem está na operação em determinado momento. É como um carro, que deve ser bem guiado por qualquer que seja o motorista da vez.

Uma das maiores vantagens de um pequeno negócio é o conhecimento sobre o seu time. Você sabe quem está com você, quais são suas aspirações e aonde todos são capazes de chegar. Esse deve ser, pois, o primeiro pilar a ser considerado antes do início do planejamento: com base no grupo à sua disposição, comece a alimentar o que é factível para sua empresa a partir do contexto que você tem.

Lembro que, nos primórdios da FCamara, eu juntei todo mundo e perguntei:

— Pessoal, o que a gente precisa fazer para faturar um milhão de reais por ano?

Naquele instante, percebi que todos se entreolharam como se eu tivesse acabado de falar um grande absurdo. Afinal, parecia dinheiro e pretensão demais para uma empresa que estava começando e contava com apenas oito pessoas — sendo eu mesmo uma delas.

Ignorei as reações e continuei:

— Vejam bem: um milhão por ano significa menos de R$ 100 mil reais por mês. Para atingir esse alvo, tudo o que precisamos fazer é garantir entre quatro e cinco projetos pequenos que rendam um ticket médio mensal de R$ 20 mil.

Pronto. De maneira muito simples e descomplicada, havíamos dado o primeiro passo para criar um mapa daquilo que perseguiríamos e o que deveríamos cumprir para alcançarmos o resultado esperado. Apesar do impacto inicial, nós sabíamos que, embora desafiador, aquele não era um sonho impossível e estávamos todos verdadeiramente engajados em ter sucesso.

Vale registrar aqui que, caso meu time tivesse, desde o primeiro instante, considerado o alvo fácil demais, eu saberia que havia cometido um erro. Para sairmos da zona de conforto, o friozinho na barriga é fundamental. As pessoas precisam ser provocadas, se desejam experimentar o sentimento de superação. Essa, aliás, é a grande diferença de nós, seres humanos, para os robôs, pois enquanto eles são programados para seguir uma cartilha e responder sempre da mesma maneira, cada indivíduo tem capacidade para ir além — e fazendo isso de seu próprio jeito.

Nosso segundo passo naquele dia foi avaliarmos nossas competências: o que cada um de nós sabia e poderia fazer? Como nosso negócio estava voltado a oferecer capital intelectual em tecnologia, foi fácil mapear as especialidades e atribuições de todos e estabelecer acordos e divisões.

Por último, focamos no cliente. Trouxemos à mesa nossas relações individuais e listamos quem seria o público em potencial, pessoas para quem poderíamos telefonar e explicar nossas soluções. Fizemos uma espécie de *match* para bater o martelo em uma lista final e demos como oficialmente criado o primeiro planejamento da FCamara. Um ano depois, comemoramos o faturamento de R$ 1 milhão e trezentos mil reais.

Claro que, contado dessa maneira, parece algo extremamente simplório e fácil de atingir. A verdade, contudo, é que não tínhamos qualquer garantia de que aquilo daria certo. Creio que um dos nossos diferenciais para obtermos êxito foi o fato de termos conversado naquele dia sobre nossas possibilidades reais de insucesso, o que nos livrou de carregar um peso futuro de cobranças desnecessárias.

Expliquei ao time que eu também estava inseguro sobre os resultados, porém acreditava que deveríamos experimentar o plano e sentir-nos tranquilos para adaptar o que fosse preciso no caminho. Recordo-me de ter dito ao time:

— Não estamos escrevendo aqui a Tábua de Moisés. Um planejamento não é uma escritura sagrada e imutável. Estamos apenas externando nossas vontades e o que almejamos alcançar. Se, após três meses, percebermos que ninguém dá valor ao que estamos oferecendo, refazemos a rota. O bom planejamento requer flexibilidade e deve ser adaptado ao longo do tempo, sempre que necessário.

Falar sobre essa perspectiva de maneira transparente deu a todos a segurança psicológica de que precisávamos para seguir adiante sem desenvolver qualquer grau de ansiedade. Além disso, nosso foco não deveria estar completamente voltado em bater a meta de R$ 1 milhão a qualquer custo, pois sabíamos que, ao adotar esse tipo de estratégia, teríamos um risco substancial de desenvolver uma espécie de hipermetropia e deixarmos de enxergar os detalhes de nosso entorno, o que poderia nos levar a ficar desatentos aos nossos clientes, nossa maior riqueza, e a perder janelas de oportunidade importantes.

PENSAR SOBRE O QUE NÃO SE DEVE FAZER

O planejamento deve servir para nos dar um norte, mas não para engessar nossa visão. É aqui que entra um ponto fundamental desse tema: mais importante do que aquilo que devemos fazer é aquilo que não devemos fazer sob hipótese alguma. Ter essa premissa em mente contribui para que possamos assegurar uma boa execução e atingir resultados positivos, além de evitar desperdícios.

Vamos considerar, por exemplo, o caso da FCamara, que contei no início deste capítulo. Em nosso planejamento, definimos que nossa meta seria conquistar cerca de cinco projetos com um ticket de R$ 20 mil. Acontece que, pouco tempo depois do início propriamente dito, um grande cliente do segmento de e-commerce nos convidou para ajudá-los a implementar uma operação de suporte 24 por 7, ou seja, ficarmos à sua disposição 24h por dia, 7 dias por semana.

Naquele tempo, essa era uma proposta inviável para o tamanho do nosso negócio. A FCamara não tinha a infraestrutura necessária para atender a essa demanda sem antes fazer grandes investimentos em tecnologia e mão de obra especializada. Apesar de parecer uma ótima oportunidade, não aceitamos o projeto, pois não seríamos capazes de assumir a operação sem comprometer nosso plano original.

Esse episódio foi importante para que eu compreendesse a necessidade de analisarmos o que não podemos contemplar em nossos planos. Foi a partir dessa experiência que defini o primeiro de quatro critérios acerca desse pensamento: se você está começando, só assuma projetos que consegue entregar sem depender de qualquer tipo de investimento financeiro prévio. Isso é o que eu chamo de autonomia da sustentação, tema que já expliquei mais a fundo no capítulo 6.

Na FCamara eu conhecia exatamente o nosso tamanho; tínhamos um bom time de especialistas, sabíamos conduzir metodologias ágeis e dominávamos a tecnologia que precisávamos para oferecer nossos serviços. De posse dessa consciência, estabeleci a seguinte regra: nenhuma proposta comercial da nossa empresa deveria levar mais de duas horas para estar pronta. Esse tempo seria mais do que suficiente para revisarmos o escopo, o cronograma e os valores. Se fosse necessário mais do que isso, era uma espécie de sinal de alerta nos dizendo: DON'T. Ou, em bom português, esse trabalho não é para nós.

O segundo critério é o da otimização do esforço. Antes de dar grandes saltos no seu planejamento, avalie também sua disponibilidade de capital intelectual e utilize apenas o que já tem dentro de casa. Comece essa jornada com projetos possíveis e viáveis, do tipo que você ofertaria a amigos próximos. Poupar energia nessa caminhada é o que vai ajudar sua empresa a sair da fase de autonomia da sustentação para a autonomia da ação e, somente a partir daí, passar a se envolver em projetos mais elaborados e que dependem de mais preparo e estruturação. Sugiro voltar ao capítulo 6 para relembrar esses conceitos.

O terceiro critério é sobre a objetividade, algo fundamental a qualquer planejamento. Não adianta desperdiçar tempo tentando elaborar um planejamento muito detalhado, cheio de especificidades. Como falei no início, quanto mais simples e claro for o plano, melhor ele será assimilado — e vivido — pelo time.

Imagino que alguns historiadores e pesquisadores da área de *business* me contestariam por pensar desse modo. Muitos acreditam que, quanto mais minucioso for o planejamento, mais fácil será persegui-lo com disciplina. Eu discordo dessa teoria. Minha própria experiência me mostrou que a objetividade contribui para o engajamento do time, pois torna mais plausíveis as ações a serem realizadas. Se uma empresa precisa de dois meses para conseguir traçar um planejamento estratégico, certamente a execução vai cobrar essa conta no fim.

O quarto e último critério diz respeito à publicização do seu negócio. Sem medo de errar, afirmo que não se deve investir em publicidade e propaganda antes de ter seus primeiros contratos fechados. Não saia, portanto, fazendo campanhas, divulgando banners, investindo em anúncios e comerciais. Aposto que você deve estar se perguntando por que eu defendo essa máxima, quando muitos gurus do marketing pregam exatamente o oposto.

Explico melhor. Não vejo sentido algum em gastar dinheiro para divulgar os serviços de uma empresa que ainda não tem o pilar mais importante da sua existência: seus próprios clientes. Nessa etapa, tudo o que existe está no campo da imaginação; não há um senso de realidade baseado em experiências concretas. Esse é um erro muito comum cometido por empreendedores iniciantes.

Na minha visão, o caminho natural de crescimento de uma organização deveria começar não em um movimento de se atirar ao mercado, mas em pequenos círculos de amizade. É dentro dessa relação que podemos ofertar serviços e testar retornos honestos e transparentes. Se um amigo me diz que a minha companhia está errando feio em algo, eu consigo administrar o problema e buscar soluções sem me expor. É quase como uma consultoria gratuita.

Somente depois de "aparadas as arestas" e de ter conquistado meus primeiros clientes, então eu me sinto pronto a me lançar publicamente e fazer propaganda da minha marca. Antes disso, considero um tiro no pé — e um tiro no escuro, pois não terei a menor ideia da direção da munição.

SATISFAÇÃO, VÍCIOS CORPORATIVOS, COMUNICAÇÃO E FEEDBACK

Definido o planejamento, é hora de pensar na gestão das ações e projetos. Como disse antes, em empresas grandes o foco está na excelência do fluxo operacional. Em pequenas companhias, no entanto, há quatro pontos que são cruciais para uma boa execução e devem estar no radar da alta liderança: o critério de satisfação, os vícios corporativos, a comunicação e a prática do feedback. Vamos detalhar cada um deles a seguir.

O critério de satisfação é simples: sua empresa conclui uma entrega, você emite a nota fiscal e o cliente paga o boleto sem alardes, ressalvas ou atrasos? Se a resposta foi sim, é sinal de que ele está satisfeito com o resultado, tem uma boa imagem do seu trabalho e o contrato foi cumprido. Do contrário, se isso não acontece, há algo de errado emergindo nessa relação.

Sei que essa teoria parece óbvia demais — contei essa história numa palestra, certa vez, e as pessoas da plateia riram do inusitado —, mas ela é real e passível de ser comprovada na prática. Em todos os meus anos de experiência, nunca vi alguém deixar de efetuar um pagamento ou emitir uma nota fiscal por mero acaso. Sempre há no ar uma insatisfação com algo, uma preocupação de que a expectativa da outra parte não será atendida com sucesso.

O melhor termômetro, portanto, para medir se um projeto está sendo bem executado é observar o comportamento do cliente quanto a esse fluxo de pagamento. Ao primeiro sinal de que algo não está indo bem, vá atrás e puxe esse fio. Certamente haverá ajustes a serem feitos nos processos em andamento.

O CRITÉRIO DE SATISFAÇÃO É SIMPLES: SUA EMPRESA CONCLUI UMA ENTREGA, VOCÊ EMITE A NOTA FISCAL E O CLIENTE PAGA O BOLETO SEM ALARDES, RESSALVAS OU ATRASOS? SE A RESPOSTA FOI SIM, É SINAL DE QUE ELE ESTÁ SATISFEITO COM O RESULTADO, TEM UMA BOA IMAGEM DO SEU TRABALHO E O CONTRATO FOI CUMPRIDO. DO CONTRÁRIO, SE ISSO NÃO ACONTECE, HÁ ALGO DE ERRADO EMERGINDO NESSA RELAÇÃO.

O segundo ponto diz respeito aos vícios que o time expõe já no início do planejamento e que perseguirão o grupo no decorrer da execução se não forem resolvidos em sua origem. Esse é mais um dos erros muito comuns entre empreendedores em início de carreira.

Para exemplificar, vamos supor que o vício de um determinado grupo é a desatenção com os horários. Se esse é um mau hábito já consolidado entre essas pessoas, muito provavelmente elas não terão compromisso com os prazos de entrega e poderão causar problemas para toda a equipe.

Nesse caso, será necessário interferir de maneira precoce sobre tais características, sob o risco de comprometer os resultados do projeto. E cabe aqui um alerta: se mesmo após uma intervenção, você perceber que se trata de um vício recorrente, que demande contínuos atos de microgestão — um grande agente de desperdício de tempo e dinheiro —, minha dica é substituir todo mundo, pois quando um clima dessa natureza se instala, a equipe entende que a liderança não confia no seu trabalho, abrindo-se então espaço para a formação de um ambiente corporativo tóxico e adoecido.

Outro vício corriqueiro a se ter no radar está relacionado ao uso da força criativa em subprojetos. Isso ocorre quando os times se desviam do escopo e passam a investir sua energia em atividades que em nada contribuem para o sucesso do projeto-raiz. Trata-se de uma dispersão do tempo a partir de um critério de priorização completamente questionável.

Trazendo isso para a prática, vou compartilhar uma situação que vivi na minha empresa. Na ocasião, estávamos envolvidos em implementar uma plataforma de e-commerce para uma grande multinacional do varejo. Nosso papel era desenvolver todas as etapas do fluxo de compra e venda, desde o instante em que o cliente coloca os produtos desejados no carrinho até o check-out, quando há a escolha pelo tipo de pagamento e entrega. Nosso objetivo, portanto, era claro e bem definido.

Em determinado momento, porém, percebi que a equipe estava perdendo tempo demais questionando apenas uma dessas partes do processo: a preocupação era oferecer a possibilidade de pagamento em cartões de crédito de três titulares diferentes. Apesar da intenção do grupo ser positiva — estavam pensando na experiência do cliente —, precisei interromper o brainstorm e chamar todo mundo de volta ao foco. Afinal, de que adiantaria ter aquela solução "resolvida" quando o essencial do projeto ainda não havia sido concluído? Estava na cara que teríamos problemas.

Não quero dizer com isso que devemos inibir a criatividade das pessoas, principalmente quando estão voltadas a ideias funcionais. No entanto, se não houver o compromisso com um critério de prioridade inquestionável, o projeto sofrerá as consequências, seja em qualidade ou atraso.

O terceiro aspecto fundamental para a execução de um planeamento é a comunicação. Sei que este é um requisito básico em qualquer tipo de relação, porém preciso reforçar a importância do diálogo para o alinhamento das expectativas dentro de um grupo, pois quando trabalhamos em conjunto, exercendo atividades que se interligam, precisamos saber em que página cada um está.

Para isso, as equipes, grandes ou pequenas, devem ter um ponto de encontro, de modo que não se distanciem e se percam em seus objetivos. A maneira como essa comunicação será vivida na prática fica a critério de cada organização. Um marco cerimonial periódico e previamente combinado — que pode ser uma reunião remota, por exemplo — pode ser uma opção, de modo que todos possam alinhar as contas e ajustar as rotas.

O último ponto a ser observado na execução é algo já muito discutido e comentado, mas que continua sendo um desafio para milhares de organizações: a prática do feedback. Não tenha medo de emitir considerações sobre as pessoas que você lidera, tampouco tenha receio de ouvir o retorno sobre você mesmo. O feedback é uma das maiores fontes de *insights* que alguém pode ter para evoluir, desde que esteja aberto a essa oportunidade.

Vejo uma grande resistência da maioria das pessoas em receber comentários sobre seu desempenho. Na minha experiência, esse é um comportamento usual no Brasil, onde os líderes têm dificuldade de lidar com o que chamo de enfrentamento de conflitos. No geral, falta habilidade para dar feedbacks com transparência, objetividade e responsabilidade.

Do outro lado da mesa, profissionais — inclusive da alta gestão — levam as críticas recebidas para o lado subjetivo e deixam de aproveitar uma grande chance de aprender algo novo. De cada 20 pessoas que trabalham comigo, somente uma me pede para comentar sobre seu trabalho. Nessas ocasiões, sei que estou diante de alguém que tem inteligência emocional e está interessada em evoluir.

No setor de tecnologia, quando estamos desenvolvendo algum projeto, costumamos dizer que, se está todo mundo dentro do mesmo ônibus, os processos fluem melhor, afinal, a informação é partilhada pelo grupo. Alagou a estrada e precisamos mudar de caminho? Tudo bem, ninguém vai se perder. Mas se a viagem começou e por acaso alguém ficou de fora — algo que acontece em 99% dos casos —, um feedback honesto é a melhor forma de trazê-la para dentro.

Alguns anos nessa estrada me ensinaram que ter um processo periódico de dar feedbacks para o time é o que faz a diferença entre ter um grande problema e ter um projeto com pequenos problemas. A escolha é sua.

ERROS

Quando se trata de planejamento e execução de projetos, um dos erros mais frequentes que ocorrem dentro das organizações é, muitas vezes, o responsável por detonar um grande trabalho. Refiro-me à falta de cuidado em reportar oficialmente todos os acordos realizados entre contratantes e contratados.

Pode parecer um absurdo, entretanto, infelizmente, é comum ocorrerem situações em que solicitações realizadas pelos clientes durante o andamento dos processos não são registradas, deixando-se assim de incorporar ao plano informações cruciais para nivelar o entendimento de todo o time e garantir uma entrega dentro das expectativas projetadas.

Isso acontece principalmente nas empresas menores e com grande nível de pessoalidade, nas quais os profissionais fazem pequenos acordos fora do contrato oficial. A consequência dessa falha é, quase sempre, um atraso no cronograma do projeto e uma finalização aquém da esperada — além de um esforço adicional para contornar o problema sob o risco de cair na zona de chantagem do cliente, que passa a ser o detentor de todos os argumentos, uma vez que não há nada documentado provando o contrário.

Outro erro que continua sendo repetido à exaustão — ainda que se alerte sobre seus riscos em boa parte dos livros de gestão — é a falta de clareza sobre a liderança de um projeto. Em todos os times, grandes ou enxutos, os integrantes precisam saber quem é o responsável pelas decisões e qual sua autonomia para liderar o grupo. Essa é uma regra herdada, inclusive, da própria natureza: em um conjunto de animais (leões, gorilas ou pinguins), sempre haverá um que assume o papel de líder. O mesmo deveria valer para engenheiros, advogados, analistas de sistemas, pedreiros etc.

Um fator dificultador de tal questão é a nomenclatura e a pouca definição dos cargos nas organizações. Há supervisores, coordenadores, gestores, assessores, gerentes e uma série de outros que pouco esclarecem sua real função. E quando algo sai diferente do planejado, ninguém sabe quem tem autonomia para tomar as decisões mais imediatas. Esse é o tipo de situação que pode causar um forte impacto na execução das atividades, engessando o processo inteiro.

Não basta, todavia, formalizar as pessoas nos cargos de liderança e não permitir que sua atuação seja verificada no comportamento cotidiano da companhia. É preciso respeitá-las e deixá-las exercer sua função. Se, após uma iniciativa equivocada do líder, por exemplo, ocorrer uma reação de estardalhaço ou repressão de quem está acima dele, ficará evidente que essa empresa não concede a autonomia necessária para a gestão dos times — eis aí, portanto, um ambiente perfeito para a prática recorrente da omissão de decisão e de outro erro igualmente perigoso no mundo dos negócios: a falta de capacidade (e maturidade) para delegar.

Vejo isso ocorrer no dia a dia de inúmeras organizações. Nas aulas do curso de MBA em que atuo como professor convidado, uma das perguntas mais frequentes dos alunos é:

— Como aprender a confiar nas pessoas e delegar atribuições e poderes?

O que eles querem dizer, na verdade, é que os gestores da alta liderança esperam encontrar pessoas com o mesmo nível de responsabilização que eles teriam, com o mesmo nível de comprometimento e seriedade. Somente assim se sentirão confortáveis e confiantes para delegar.

Nessas ocasiões, minha resposta é sempre a mesma:

— Nunca encontrarão.

Considero até uma infantilidade acreditar nesse "grande achado", pois o universo é feito por pessoas com interesses e valores incrivelmente divergentes. Um bom líder deve ter em mente que ele terá, sim, que delegar papéis se deseja alcançar o potencial máximo de execução do seu planejamento. Uma dica para facilitar essa iniciativa é: defina o escopo do seu projeto, delegue-o para alguém em quem você confie funcionalmente para essa atividade específica e confie no seu poder de escolha.

Jim Rohn, um dos nomes de maior influência no empreendedorismo norte-americano, autor de livros e palestrante motivacional, tem uma frase da qual gosto muito. Ele disse: "Seu nível de sucesso raramente excederá seu nível de desenvolvimento pessoal, pois o sucesso é algo que você atrai pela pessoa em que se torna".

Para mim, esse pensamento é o que distingue um grande líder de negócios de um empreendedor limitado, que tem dificuldades de delegar e enxerga valor no mero esforço. Para esse perfil, trabalhar de maneira exaustiva é percebido como um mérito e medida de engajamento. Ledo engano. Se um trabalho que pode ser executado em 8h ocupa alguém por mais de 16h, esse é um claro indício de que algo não vai muito bem. E o que vale, no fim de tudo, não é o esforço empregado, mas o resultado alcançado.

Um profissional, independentemente de sua área de atuação, precisa ter foco em seu desenvolvimento pessoal e condições adequadas para cuidar de sua saúde física e mental, sua família e sua carreira. É impossível, porém, dar conta de tudo isso quando se está afundado em tarefas por mais de 12h por dia. Se puxarmos esse fio, muito provavelmente haverá gente trabalhando demais e gente trabalhando de menos.

A única maneira possível de estar na ativa durante tanto tempo e não se sentir sobrecarregado devido a esse excesso é quando você está fazendo aquilo que nasceu para fazer. Nesses casos, não se trata de esforço, mas de mergulhar na própria essência e abraçar algo que é seu por natureza.

A inovação será o nosso assunto no próximo capítulo, pois muitos falam sobre sua importância, porém poucos a praticam e a vivem em seu dia a dia.

CAPÍTULO 13

INOVAÇÃO: UM COMPROMISSO COM O MINDSET DE "SIM A PRIORI"

Nunca se falou tanto em inovação. Apesar de parecer contemporânea, a palavra traz à luz um conceito já bastante difundido: trata-se de uma responsabilidade intencional e de uma atitude de reinventar algo ou a si mesmo, evitando cair na armadilha da obsolescência, pois tudo o que fica parado no tempo tende a ser gradualmente esquecido até desaparecer por completo.

A inovação vale tanto para profissionais quanto para empresas. Na pessoa física, a inovação significa o autopatrocínioconsciente de buscar novas qualidades, habilidades e conhecimentos. E qual a importância desse tipo de investimento? Agregar valor ao seu próprio trabalho para você se destacar no mercado e impulsionar a sua carreira.

Imagine um indivíduo que realiza uma determinada função e recebe uma remuneração por isso. Se todos os anos ele continuar fazendo o seu trabalho da mesma maneira, fatalmente perderá valor em seu segmento de atuação. Para ampliar suas oportunidades de crescimento, esse profissional deve adotar um comportamento baseado em uma constante reinvenção de sua capacidade de entrega, de modo a projetar sua visibilidade e, assim, estar apto a pleitear promoções ou se candidatar a assumir novas posições dentro das organizações.

O mesmo vale para as pessoas jurídicas. Para se sobressair entre os concorrentes, as empresas precisam investir em inovação de tempos em tempos como uma estratégia de aumentar as próprias vantagens competitivas. Muita gente acredita que a reinvenção está relacionada apenas à tecnologia, o que representa um grande equívoco. O ato de inovar acontece, sobretudo, a partir de uma atitude mental: você deve agir sobre o seu próprio *mindset* de modo a fazer sobressair o que chamo de "sim a priori". Em outras palavras: para tudo de diferente que o seu cliente pedir e você não tiver soluções prontas para o atender, sua primeira resposta deverá ser sempre "sim" e, a partir daí, sua postura deve ser a de buscar viabilizar novas soluções para esses pedidos. São as necessidades de seus clientes, o desejo que você e seu time têm em atendê-los cada vez melhor, com mais eficácia e eficiência, e a necessidade de fidelizá-los os impulsionadores para que sua empresa inove.

Os clientes são o que existe de mais importante para uma companhia ter sustentabilidade e longevidade em seus negócios. Nós, empreendedores, somos os intermediadores da relação dos clientes com o quadro profissional da nossa empresa. Então temos, por princípio cultural, que nos preparar internamente para atender aos seus anseios e corresponder com o *mindset* de "sim a priori".

Para que isso aconteça, precisamos estar atentos às janelas de oportunidades, buscando uma constante reinvenção do que temos a oferecer. Isso inclui observar as movimentações do mercado, renovar nossas intenções e interesses. Se um importante concorrente da nossa empresa, por exemplo, realiza um IPO (*Initial Public Offering* ou Oferta Inicial de Ações), ficamos atentos para perceber se, enquanto eles se ocupam dos desdobramentos da operação, nós temos a chance de descobrir oportunidades de crescimento potencial.

Você já viu uma sucuri engolindo um bezerro? Até que o réptil chegue à digestão completa do mamífero, leva um bom tempo. Não é de um dia para o outro. É mais ou menos o que ocorre no caso que citei acima: há um tempo necessário para que a concorrência "engula definitivamente seu bezerro". Nesse período, eu posso aproveitar que estou mais leve e mais rápido para, quem sabe, seguir por novos caminhos e reinventar minhas estratégias de negócios.

FAÇA MAIS PERGUNTAS

Warren Buffet, um dos investidores mais importantes do mercado financeiro global, costuma dizer que "no mundo dos negócios, o espelho retrovisor é sempre mais claro do que o para-brisa". Na minha estratégia pessoal, eu olho ambos e faço uma projeção. Avalio as probabilidades e tento identificar se há ali, naquele momento, uma janela de oportunidade.

Trazendo para a vida prática, vamos pegar uma característica real da FCamara. Considere que o segmento de operadoras de planos de saúde está em franca ascensão no mercado. Pelo retrovisor, vemos os fatos recentes, as movimentações, as notícias do que tem acontecido no cenário brasileiro. Já pelo para-brisas, avistamos as probabilidades: quem são os principais *players*? Como eles estão sinalizando mudanças? No que estão investindo?

Juntando os dois, entendemos, enfim, que há um grande potencial no setor de saúde e, muito provavelmente, as empresas do segmento precisarão investir pesado em tecnologia. Bingo! Eis aí uma oportunidade de expansão para minha organização. O que eu e minha equipe devemos fazer a partir de tal constatação? Aproveitar os sinais, nos preparar para atender as operadoras e realizar ações para que elas se interessem por nossas soluções, como: participar de feiras de saúde, lançar produtos específicos no segmento, patrocinar eventos, apenas para citar algumas das possibilidades.

Cabe reiterar aqui que análises e decisões assim não partem somente do mercado. Há uma intenção minha e do nosso time em olhar frequentemente para dentro de nossa empresa, com o objetivo de entender o nosso momento e o que queremos dali em diante. A partir dessa avaliação, pensamos e desenhamos novos negócios. Nada é certo e garantido. Não sabemos com precisão qual será a chance efetiva de um investimento ter retorno. Porém, a partir das hipóteses que traçamos e de uma intuição que está baseada em nossa experiência acumulada, podemos tomar decisões mais assertivas e inovadoras.

Considero crucial tal atitude de focar o olhar no mercado e na sua realidade, seja para o crescimento da empresa, de um profissional ou de um negócio. Se você não estiver atento para crescer e caminhar em direção às oportunidades, em pouco tempo vai ficar defasado, entrar em estado de inanição e sucumbir — na carreira ou no mercado.

As pessoas, em geral, têm a convicção de que se tornam melhores quando conseguem responder a mais questionamentos. À medida que avançam na idade, acreditam que ter mais respostas significa ter mais sabedoria. A lógica da reinvenção, contudo, é totalmente reversa. Quanto mais buscarmos perguntas, mais estaremos abertos a nos reinventar. O que podemos fazer para resolvermos determinado problema com mais agilidade? Por que não experimentamos isso? Como conseguimos chegar em um mesmo lugar por outros caminhos? Quais são as brechas para entrarmos nesse mercado? Invista nas perguntas!

Em uma empresa, esse deve ser o *mindset* dos CEOs, líderes e formadores de opinião. Não basta, porém, ter esse comportamento e disseminar para as equipes. É preciso ir além. O alto escalão deve patrocinar, criar eventos e programas que provoquem as pessoas a fazer perguntas que ninguém fez e que podem se converter em oportunidades. É efetivamente um movimento intencional de gerar um ambiente engajado na gestão das ideias, contribuindo para fomentar o senso de pertencimento, a criatividade, a agilidade e a colaboração.

Na FCamara, buscamos valorizar a escuta dos colaboradores e avaliar suas propostas de crescimento dos negócios. Acreditamos que pessoas envolvidas na rotina e que conhecem nosso *business* com profundidade podem ser peças-chave para o crescimento da nossa empresa. Por isso, criamos a *Venture Builder Orange Ventures*, um espaço para debater e colocar em prática as ideias com potencial para se tornarem produtos ou até mesmo uma nova empresa dentro do nosso grupo.

Quem trabalha conosco reconhece esse sentimento de constante reinvenção como parte constituinte do DNA — e do dia a dia — da nossa empresa. Lembro de um episódio simbólico nesse aspecto, vivido há alguns anos, quando trabalhávamos em um projeto para um grande operador portuário. Nosso papel era integrar os sistemas de controle e automação dos *portainers*, guindastes utilizados para descarga e embarque de contêineres em navios.

Bastaram somente algumas horas observando o fluxo de movimentação em frente aos *gates* do porto para percebermos que três profissionais em cada portão fotografavam e faziam anotações sobre avarias, violações de leis e documentações dos contêineres que saíam dos caminhões. Como eram três turnos de averiguações diárias e vários pontos de entrada e saída, mais de 20 pessoas realizavam a mesma atividade.

Conversávamos sobre aquilo que parecia claramente uma falha de processo, quando um de nossos programadores perguntou:

— Por que não instalamos uma câmera com um *scanner* em cada portão e deixamos a checagem ocorrer de modo 100% automático?

Ponto para o olhar atento do nosso profissional! Um pouco de perspicácia, senso de observação e pensamento resolutivo foram suficientes para inovar o processo, tornando-o mais ágil, simples e econômico. E para isso não foi feito nenhum grande investimento financeiro e tampouco reverberou no desemprego daqueles profissionais. Esse, aliás, é o outro mito do mercado. Costuma-se dizer que a digitalização está acabando com os postos de trabalho dos seres humanos. No entanto, a tecnologia veio para liberar os indivíduos de funções automatizadas que os transformam em meros robôs operacionais e — para os que estiverem de olhos bem abertos — trazer novas oportunidades.

INOVAÇÃO VERSUS CORREÇÃO DE INEFICIÊNCIA

Se a inovação pode ser vetor de inúmeros aspectos positivos, por que tanta gente e tantas companhias a ignoram e continuam estagnadas, perdendo tempo, dinheiro e capital intelectual fazendo tudo sempre do mesmo jeito? Uma das respostas pode estar em um velho ditado popular: "Em time que está ganhando, não se mexe". Essa premissa sugere que escolhas certas de hoje serão certas para sempre. Tal pensamento, obviamente, é um atalho para a inércia e a obsolescência, ainda que em longo prazo.

Fazendo um paralelo com a vida privada, tomemos o seguinte exemplo. Digamos que você coloque todas as suas reservas financeiras na poupança. Claro, você terá rendimentos, todavia o retorno mal acompanhará a inflação. Isso significa que sua tendência para o futuro é permanecer no mesmo lugar: mesmo padrão financeiro, mesmo carro, mesma casa. Se não tiver aspirações maiores, você seguirá o fluxo cotidiano da vida — desde que não ocorra nenhum desvio importante no meio do caminho.

No entanto, caso você deseje atingir um patamar financeiro melhor, terá que pensar e agir de forma diferente. Uma saída possível, a depender do seu apetite a risco, é manter 95% aplicados em produtos de renda fixa, como CDBs, LCAs/LCIs e títulos públicos, e investir o restante em renda variável, por exemplo, em ações. Como todo investimento, há chances de retorno positivos e há chances de se dar mal. No entanto, esses 5% é sua aposta para reinventar uma possibilidade de futuro mais condizente com seu desejo pessoal de vida.

Um amigo, certa vez, me acusou de insanidade porque tenho investimentos em moeda digital. O motivo alegado foi o risco alto num mercado incerto. Em minha defesa, expliquei que apenas 1% do meu patrimônio líquido está sob essa possível "ameaça", gerando um retorno de 3% ao mês, enquanto o restante das minhas reservas rende um pouco mais de 1%. Se esse castelo desmoronar em algum momento, o impacto final será baixíssimo, porém se der certo, 1% do meu patrimônio tem potencial para virar 10%.

Deixo claro, entretanto, que, seja em minhas questões pessoais ou na empresa, eu só invisto em inovações que sejam, de fato, novidades de segmento. Costumo ser procurado diariamente por pessoas que buscam investidores para seus projetos. De antemão, deixo claro que não faço investimentos em produtos ou serviços que pretensamente busquem corrigir ineficiências de outros disponíveis no mercado. Meu interesse está voltado para inovações propriamente ditas. Quero ser um patrocinador de sonhos evolucionários assim como eu patrocinei o meu.

Voltando ao caso de saúde do exemplo anterior, não tenho qualquer intenção de lançar um plano de saúde novo apenas por achar que os atuais não funcionam de maneira adequada. Isso é tentar corrigir uma ineficiência e, na minha experiência, não dá certo. Meu interesse está em identificar onde há *gaps* para trazer novidades inteligentes com grande público em potencial.

Eu poderia citar como um lançamento realmente inovador o aplicativo que funciona como uma espécie de compra coletiva de serviços de saúde. Diferentemente de um plano administrado por uma operadora convencional, o serviço utiliza a tecnologia para reunir usuários e negociar preços competitivos para consultas médicas e exames, o que ampliou o acesso de milhares de pessoas à rede privada de saúde — não é à toa que essa empresa é cliente da FCamara.

REINVENÇÃO NA PRÁTICA

Existem várias maneiras de agregar inovação à vida real. Uma sugestão que dou para quem desejar se reinventar em nível individual: faça coisas diferentes todos os dias. Se você frequenta sempre o mesmo restaurante e pede o mesmo prato, acaba condicionando sua cabeça e se fechando para o novo.

Uma reinvenção de si implica expandir o olhar para estar atento a ideias, pessoas, conceitos e conhecimentos. Explore suas possibilidades, mude de caminhos, inverta os sentidos, arrisque-se para o extraordinário. Isso pode incluir a leitura de um novo autor, a descoberta de uma banda de música, uma rota incomum para o trabalho, um restaurante pouco comentado, um rótulo de vinho diferente.

Não existe um único modo de pensar e agir. Ao caminhar pelo desconhecido e optar por alternativas inusuais, você treina sua intuição e criatividade, abrindo em si um território apropriado para o surgimento de novas ideias, novas trilhas, novas perguntas.

Dentro dos ambientes corporativos, essa busca pela reinvenção constante, como dito anteriormente, deve ser patrocinada pela liderança. Quem tem o poder decisório deve estar comprometido com uma transformação de alto impacto voltada ao estabelecimento de uma cultura de inovação que valorize e incentive muita colaboração. Quando isso acontece, os profissionais se sentem engajados em seus projetos e tendem a subir o nível de excelência nas entregas e serviços.

A cultura inovadora funciona sobretudo em ambientes onde prevalece uma gestão mais horizontal. Uma empresa "sem muitos chefes" pode assustar os mais conservadores. No entanto, esse tipo

UMA REINVENÇÃO DE SI IMPLICA EXPANDIR O OLHAR PARA ESTAR ATENTO A IDEIAS, PESSOAS, CONCEITOS E CONHECIMENTOS. EXPLORE SUAS POSSIBILIDADES, MUDE DE CAMINHOS, INVERTA OS SENTIDOS, ARRISQUE-SE PARA O EXTRAORDINÁRIO.

de estrutura — com pouca hierarquia — estimula a autorresponsabilização dos funcionários, facilitando a comunicação e o relacionamento entre diferentes áreas. Na prática, trabalhar assim possibilita a existência de times engajados no alcance de seus resultados, favorecendo a troca livre de ideias.

No próximo capítulo, vou compartilhar com você minha visão e vivência em vendas.

CAPÍTULO 14

QUANDO UM CLIENTE TRAZ OUTRO CLIENTE

Existem várias teorias e metodologias sobre o que faz uma empresa ter sucesso nas vendas. Uma rápida olhada na quantidade de obras sobre vendas disponíveis nas livrarias comprova isso. Mas não acredito em receitas ou estratégias genéricas aplicáveis em qualquer segmento. Cada empreendedor deve conhecer os critérios que sustentam seus negócios para, a partir deles, desenvolver as melhores estratégias e ações para se fazer relevante para seus públicos-alvo.

Apesar da realidade de cada um, há, porém, três fundamentos que considero comuns e essenciais para todas as organizações e que deveriam nortear sua gestão de vendas.

O primeiro deles é o entendimento de que a melhor maneira de conquistar um novo cliente é a partir de um cliente existente. Nada é mais potente para quem vende um serviço do que a recomendação de quem já contratou você anteriormente. Qualquer companhia pode apresentar seus serviços e qualificações, seus diferenciais competitivos de mercado. Agora, quando é o seu cliente que faz isso por você, expondo positivamente o seu negócio e a sua marca para outros *players* com potencial de se tornarem seus clientes, a potência dessa indicação traz uma autoridade que deveria ser o sonho de todos os empreendedores.

Minha sugestão, portanto, é que, a partir da conquista de um cliente, invista nessa relação para desenvolver uma proximidade real. Trabalhe todos os dias para que seu cliente seja seu embaixador espontâneo e relate as experiências de sucesso alcançadas por essa parceria, seja por meio de vídeos, depoimentos, campanhas de comunicação ou ações institucionais.

O segundo fundamento essencial para um processo exitoso de vendas — que está diretamente relacionado ao anterior — é a existência de um alicerce de confiança entre as partes. O cliente precisa ter segurança naquilo que está contratando e sentir que sua empresa tem a excelência desejada para entregar o que promete, estar disponível quando ele precisa e ter mecanismos adequados para receber seus feedbacks e sugestões de melhoria.

Esse nível de relação, possível apenas quando há muita abertura entre contratante e contratado, está relacionado à maneira como a parceria se estabelece desde seu início. Explico melhor. Na prática, o ciclo de vendas pode caminhar por duas situações distintas: 1) Quando o cliente está desesperado, precisando de uma ação emergencial para solucionar um problema relevante. 2) Quando sua necessidade está voltada a uma questão mais complexa, que requer uma habilidade consultiva.

Na primeira situação, para resolver uma preocupação imediata, ele desejará fechar rapidamente um contrato. Já na segunda, ele levará mais tempo para responder a uma proposta, sobretudo se o seu negócio estiver relacionado a demandas que exigem grande esforço de capital intelectual.

Embora possa parecer interessante a possibilidade de concluir rapidamente uma venda, minha experiência atesta que contratos iniciados dessa maneira tendem a não ser sustentáveis. Isso porque uma venda em ritmo acelerado, na maioria das vezes, gera expectativas mal alinhadas que podem ter um preço alto mais adiante. Por isso, não deveríamos ter interesse em ser rápidos no fechamento do acordo. Leva tempo para conquistar uma relação de confiança, e pegar atalhos nunca é a melhor estratégia. Na FCamara, um dos passos iniciais no ciclo de vendas é apresentar nossa empresa como uma parceira consultiva. Começamos a entender e a trabalhar nas demandas do cliente antes mesmo de fecharmos a proposta comercial. Em nossa estratégia, entendemos essa fase como a mais importante para criar um ambiente de parceria, pois parte do pressuposto da confiança e da intenção de definir objetivos comuns.

Muitos empreendedores não se sentem confortáveis com essa forma de trabalhar. Acreditam que se trata de oferecer uma "amostra grátis" de consultoria, passível de atrair pessoas desonestas. Claro, já tivemos situações em que clientes em potencial se aproveitaram para obter vantagem, mas foram irrelevantes diante da quantidade de bons contratos firmados. Então, não podemos afirmar que uma prática não funciona quando no total de vinte casos, uma experiência deu errado enquanto outras dezenove foram bem-sucedidas.

Daniel Kahneman, psicólogo, pesquisador e escritor israelense radicado nos Estados Unidos, explica tal desconforto em sua teoria da economia comportamental. Segundo ele[55], o cérebro processa as experiências de acordo com o prazer ou sofrimento que sentimos em determinadas situações, com uma tendência clara a supervalorizar as memórias que lidam com a dor da perda. Isso mostra porque muitos empresários não conseguem avançar quando se deparam com obstáculos em seus caminhos e optam por metodologias que consideram menos arriscadas — ainda que não sejam tão aderentes às especificidades de seus negócios.

---

55 Para mais informações, acesse: http://www.economiacomportamental.org/aversao-a-perda-loss-aversion/ .

O terceiro fundamento, crucial para as estratégias de vendas, visa à manutenção do cliente no longo prazo. Destaco que toda relação será pautada pela maneira como ela se inicia; por essa razão, é tão importante captar os clientes de acordo com a intenção que você deseja manter com eles.

Há, por exemplo, uma prática comum no universo corporativo em que empresas cobram preços muito abaixo da média, seja para conquistar um cliente em prospecção ou para impedir que a concorrência faça isso — o chamado *dumping*. O que acontece muitas vezes é, após um período, os valores serem reajustados para que haja um retorno às margens tidas como normais.

Considero essa forma de agir um grande equívoco. Ao entrar em um negócio com um preço muito competitivo, você precisará abrir mão da sua convicção e da sua ética profissional, e entrar numa espécie de guerra de mercado. Aparentemente, a estratégia pode até dar certo, mas é provável que uma das consequências seja a consolidação de uma relação pouco saudável e sem qualquer pessoalidade com o cliente. Se sua estratégia para captação de um novo cliente é baseada em preço, saiba que, a partir da assinatura do contrato, toda a relação posterior será fundamentada no preço. Trata-se, assim, de uma ligação frágil que só existirá enquanto o valor do seu serviço continuar no mesmo patamar. Na hora em que for necessário adequar o preço do seu serviço, você certamente será substituído pela concorrência.

Por outro lado, se uma relação tem como ponto de partida a confiança, o cliente gostou do seu serviço e reconhece sua empresa como especialista para entregar o que ele precisa, esse será o tom da parceria até o fim. Na FCamara, um cliente permanece conosco, no mínimo, cinco a sete anos. Durante todo o período que o cliente fica conosco, buscamos estreitar nossa relação e o vínculo de confiança, conhecer seus problemas mais do que eles mesmos. Além disso, nossa cultura organizacional é orientada para evoluir de maneira permanente a qualidade do nosso trabalho, já que acreditamos que a continuidade de uma relação saudável depende diretamente da nossa capacidade de inovação. Do contrário, corremos o risco de cair em estagnação e perder mercado. Temos um foco permanente na oferta de novidades — em produtos, serviços e soluções —, de modo que nosso cliente nos considere um fornecedor valioso, um parceiro com quem ele pode contar. Essa confiança impedirá, portanto, não somente sua saída para a concorrência como uma barganha agressiva por desconto nas fases de renovação do contrato.

Ainda na estratégia de captação de vendas, é importante destacar uma outra possibilidade: a conquista de um cliente baseada no reforço da reputação empresarial. Nesse caso, eu posso até cobrar um preço inicial um pouco menor, mas somente porque meu objetivo está no retorno futuro em termos de exposição e ampliação da visibilidade da nossa empresa no mercado. Vou dar um exemplo. Digamos que eu deseje expor a marca FCamara para *prospects* interessados em serviços de tecnologia em *e-commerce*. Uma boa maneira de fazer isso é apresentar, em nossa carteira de clientes, uma história de parceria com um grande nome do *marketplace* digital, dono de um catálogo robusto e excelente *mind share*. Ainda que, eventualmente, esse cliente pague um valor abaixo da margem ideal, seremos recompensados com uma exposição positiva no mercado e fortalecimento do *branding*, o que apresenta um potencial muito interessante de contribuir para o crescimento da nossa empresa com possíveis fechamentos de contratos com novos clientes.

Para ajudar a identificar de maneira mais precisa que tipo de relação é adequada para cada cliente, criei um modelo, com uma sequência de perguntas que preciso ter em mente e saber responder, o que me ajuda até hoje nessa identificação. Já no primeiro contato, busco classificar a empresa que deseja me contratar a partir de alguns princípios básicos:

1. Com quem estou conversando? A pessoa tem poder de decisão e está diretamente envolvida com o problema para a qual busca solução?

2. Trata-se de uma organização com capacidade financeira para contratar meu serviço dentro de uma visão de longo prazo?

3. Esse cliente vai representar na minha carteira fluxo de caixa, retorno sobre o investimento, lucro líquido ou possibilidade de *branding*?

Depois de colecionar alguns insucessos na FCamara que resultaram em prejuízos financeiros, de tempo ou de relacionamento, aprendi que ter essas respostas bem fundamentadas ajuda a conhecer quem está contratando nosso serviço. Assim sendo, podemos alinhar as expectativas para estabelecer um vínculo funcional no qual cada uma das partes compreenda seu papel na relação comercial.

Quando isso não acontece, você pode se envolver em projetos ruins, que consumirão de duas a três vezes mais sua energia e sua inteligência do que um projeto bom. E como já destaquei anteriormente, pior do que estar envolvido em um projeto ruim é estar indisponível para bons projetos.

DESEJA CRESCER? FUJA DO MINDSET DO LIFE STYLE BUSINESS

No início deste capítulo, defendi que não existe fórmula única para vender mais e melhor. Cada empresa deve conhecer seu público potencial e identificar como aplicar da maneira mais adequada os fundamentos que apresentei — e que têm funcionado na FCamara desde o nosso início. Prova disso é nosso crescimento exponencial: em tempos de crise, expandimos 20% e em períodos bons, 50%, o que dá uma média de 35% de crescimento anual.

Esses números são resultado direto de uma cultura organizacional focada sobretudo na satisfação dos nossos clientes que, consequentemente, trazem novos clientes. Parece um clichê — e de fato é —, mas na minha companhia o cliente está sempre em primeiro lugar. Ele sabe que nossa relação é baseada no "sim a priori", sem que isso precise ser dito ou prometido.

Alguns empreendedores não concordam com essa visão e optam por seguir uma linha de pensamento baseada unicamente em seus interesses pessoais. São os adeptos do modelo mental denominado *life style business*, homens e mulheres de negócios cujo foco está na administração do próprio estilo de vida, ainda que isso lhes custe a ampliação do seu mercado de atuação. Seu desejo reside em reunir condições necessárias apenas para manter uma empresa em um nível mediano e sem grandes ambições que comprometam seu cotidiano ou suas aspirações. O cliente, portanto, fica em segundo lugar. Nesse caso, a consequência direta é a baixa possibilidade de crescimento, uma vez que a empresa reduz sua capacidade de inovação e, com o tempo, pode se tornar irrelevante no mercado.

Considero esse comportamento uma espécie de "empreendedorismo disfarçado". Desde que fundei a FCamara, tive como princípio o atendimento às expectativas do cliente acima de tudo. Para isso, investi na formação de equipes aptas a realizarem projetos altamente qualificados em serviços de tecnologia da informação. Para mim, esses profissionais são os principais vendedores da marca, pois garantem o capital intelectual necessário para cumprir as entregas contratadas.

Mais do que uma estratégia comercial, esses pressupostos ideológicos estão no cerne da nossa cultura organizacional. No dia a dia, comemoramos mais um projeto concluído com sucesso do que um novo projeto. Não é nosso objetivo, pois, adotar ações agressivas de vendas em massa para ter mais clientes a qualquer custo. A natureza do nosso negócio sequer permitiria esse tipo de iniciativa, pois há uma grande carência de capacidade produtiva no segmento de TI.

TRANSFORME DADOS EM CONHECIMENTO

Ao colocar o cliente como centro de todas as estratégias da sua companhia, o primeiro passo é conhecê-lo em profundidade e estudar seu mercado de atuação. Para quem você vende? Qual seu Product-Market Fit (PMF) — ou, em outras palavras, existem pessoas dispostas a pagar por seus produtos ou serviços? Onde elas estão? Quem são seus concorrentes?

Posso apostar que nenhuma dessas perguntas é uma novidade para você. Qualquer empreendedor com boas noções sobre o universo dos negócios sabe que o levantamento desses dados é fundamental para o fortalecimento de uma empresa, seja qual for seu tamanho. O que poucos fazem, porém, é levar esses dados para a rotina empreendedora. E não há outro caminho para fazê-lo sem transformar informação em conhecimento.

A automação das vendas tem funcionado como uma importante ferramenta nesse sentido. Usando tal estratégia, o objetivo principal é cruzar dados previamente obtidos para alimentar ações assertivas e dirigidas ao público em potencial. Esse sistema ajuda a criar uma cadência na jornada do cliente, de maneira que cada ponto de contato leve a um estágio mais avançado em direção à conclusão do negócio.

Na prática, funciona da seguinte maneira: digamos que um provável cliente envie para minha empresa uma mensagem de WhatsApp porque deseja tirar alguma dúvida sobre nossos serviços de armazenamento em nuvem. Nesse instante, aproveitamos a oportunidade para identificá-lo e inseri-lo em uma plataforma de CRM (*Customer Relationship Management*) que vai concentrar todos os seus dados e interesses dali por diante. É a fase conhecida como "topo do funil".

A partir de então, desenvolvemos uma série de ações para conscientizá-lo de que ele tem um problema que precisa de uma solução. Esse estágio, conhecido como "meio de funil", funciona como uma via de mão dupla; enquanto minha empresa entrega conteúdo para ajudar esse cliente a entender melhor suas próprias demandas, ele me devolve mais dados, que me permitem guiá-lo para a próxima etapa da jornada. Esse ainda não é o *timing* para a venda efetivada, pois o cliente precisa ter certeza de que deseja adquirir meu serviço.

Em paralelo a esse movimento, uma equipe qualificada analisa as informações obtidas e faz uma avaliação do porte da empresa interessada e do seu crédito. Após um mapeamento completo das suas necessidades e perfil, chega-se ao "fundo do funil": aqui o cliente já reconhece seu problema e minha capacidade resolutiva, mas precisa de um empurrãozinho para se decidir pelo fechamento do negócio. É a hora em que um responsável da minha equipe interage diretamente com ele para lhe oferecer uma proposta de armazenamento na nuvem — com grande possibilidade de fechamento de contrato.

Apesar de parecer um ciclo complexo, o funil de vendas segue uma lógica simples para ajudar o cliente a tomar decisões a partir de dados que ele mesmo fornece — daí o conteúdo desenvolvido ser sempre mais assertivo do que o disparo em massa de uma newsletter genérica, por exemplo.

Não é exagero dizer que a informação qualificada é um dos bens mais valiosos para a boa gestão de venda de uma organização. E isso vale tanto para as grandes corporações, que lidam com um alto grau de exigência de capital intelectual, quanto para os microempreendedores. A missão, em ambos os casos, é utilizar esse conhecimento como uma vantagem competitiva e evitar o desperdício de energia, tempo e dinheiro com estratégias inadequadas.

Um cadastro simples, com nome, e-mail e os dados da primeira compra, por exemplo, já podem cumprir esse papel, desde que trabalhado com seriedade. O empreendedor brasileiro mediano comete muitas falhas porque se esquece de cumprir essa etapa básica. Ainda que não tenha condições de contar com o apoio de um CRM, é possível adotar uma cultura de vendas que enxergue o ciclo inteiro, do primeiro ao último contato, que saiba colher os dados, interpretá-los e convertê-los em inteligência de vendas.

Não importa se você vende inteligência em tecnologia ou cachorro-quente na esquina de uma universidade. Seu esforço precisa estar dirigido para atender bem a necessidade e o desejo de quem vai pagar por isso.

Espero que os pontos que falamos aqui contribuam para melhorar sua gestão de vendas.

No próximo capítulo, vamos conversar sobre um ponto fundamental e muitas vezes tratado com importância menor: o desenvolvimento, o aprendizado, o empreendedor contínuo.

CAPÍTULO 15

O EMPREENDEDOR QUE APRENDE E DESENVOLVE-SE CONTINUAMENTE

Antes de ser mentor de vários alunos e liderados, meu principal papel é o de aprendiz: nos negócios e na vida pessoal, estar em constante movimento de busca por novos conhecimentos e habilidades é o que me move diariamente. É o modo pelo qual eu amplio minha capacidade sensorial e sinalizo para mim mesmo que estou em crescente expansão da consciência.

Além das atitudes óbvias em direção ao aprendizado — ler e estudar —, sigo três princípios inspirados na filosofia. O primeiro deles vem do Estoicismo, escola de pensadores originada em Atenas, na Grécia, no início do século III a.C., que ensina como podemos ter uma boa vida se focarmos somente naquilo que podemos controlar. A visão estoica me ajuda a domar a ansiedade e meus medos e, acima de tudo, a lidar com três elementos que podem se tornar grandes entraves ao desenvolvimento individual: o exibicionismo, o narcisismo e o egoísmo.

O exibicionismo é claro: a necessidade de aparecer, de se mostrar em todos os lugares e para todas as pessoas. Em tempos de redes sociais, isso tem sido praticado à exaustão por gente de idades variadas. Apesar de perigoso — uma vez que se corre o risco fácil de se tornar refém do interesse do outro —, é o mais fácil de perceber e, se desejado, controlar.

O narcisismo, por sua vez, é o desejo latente de tentar ser idolatrado pelo mundo, um comportamento nem sempre fácil de se identificar. Um exemplo evidente desse perfil é o empreendedor que, em determinada fase da vida, decide passar a ser visto como um excêntrico e dedica seus esforços a se mostrar como alguém diferente, que busca no desejo de estar acima de tudo e de todos o alimento para seu ego.

Por fim, há o egoísmo, que envolve gestos intencionais de querer tudo para si, inclusive o que é do outro. Ao me levar a refletir sobre esses três elementos, o Estoicismo me ajuda a melhorar as percepções acerca de mim mesmo. Eu estou sendo exibicionista, narcisista ou egoísta? Como posso mudar meu *mindset* e aprender a me comportar de modo mais saudável e aberto ao aprendizado e menos controlador e ansioso?

Meu segundo princípio para obter conhecimento e desenvolver habilidades é estar sempre atento à autossabotagem. Aqui cabe a definição que mais me agrada sobre esse termo: não ser novo diante do novo. Ou, em outras palavras, permanecer parado enquanto o universo se movimenta. Para fugir disso, que considero um caminho para a estagnação, busco fazer um processo cognitivo de indução — e não de dedução — quando estou diante de algo novo.

Na prática, significa não recorrer a referências anteriores para tentar adivinhar algo ainda desconhecido, mas estar aberto para capturar um entendimento a partir do zero. Isso pode parecer muito abstrato, porém é um ponto fundamental para a construção de novos conceitos e conhecimentos.

O último princípio, e talvez um dos mais importantes, é ser constantemente responsável pelo meu tempo livre. As pessoas, em geral, estão habituadas a uma espécie de ócio improdutivo.

Acostumaram-se a ficar à toa, desperdiçando um dos mais valiosos ativos da vida, seja porque estão presas em redes sociais e participando da vida alheia ou porque estão gastando horas com coisas sem qualquer sentido para elas.

Tenho uma grande preocupação com a qualidade da atenção que dedico aos meus filhos, esposa e alguns amigos. No entanto, no meu tempo livre, prezo um compromisso firmado comigo mesmo de fazer pequenos e constantes gestos de aprendizagem. Essa prática está atrelada ao chamado *lifelong learning*. Em tradução livre do inglês, o conceito significa "aprendizado ao longo da vida" e mostra a importância do aprendizado constante, que não deve ser restrito a determinada faixa etária. É o aprender continuamente como parte do dia a dia de pessoas de todas as idades.

Vale destacar que o *lifelong learning* não diz respeito somente aos métodos formais de estudo, mas a toda intenção de aprender algo novo. Outro dia, para citar um exemplo, num momento de ócio durante uma viagem, tive a oportunidade de passar alguns minutos observando pássaros que pousaram perto de mim. Eram de uma espécie que eu nunca tinha visto antes e me chamaram a atenção. Imediatamente passei a imaginar como eles se comportavam e fiz pequenas induções tais como: Qual sua origem? Como construíam seus ninhos? Quando eles partiram, pesquisei sobre eles na internet e acessei informações completamente novas até então.

Isso pode parecer uma bobagem, mas esse gesto é um instrumento muito valioso, porque, ainda que não tenha nenhuma aplicabilidade nas minhas empresas — afinal, não trabalho com pássaros —, funciona como um exercício de abertura da minha mente; um sinal enviado diretamente ao meu cérebro de que estou disponível para o inédito.

Esse hábito pode ser utilizado com qualquer experiência que acione nossos cinco sentidos, o que envolve cheirar uma flor diferente, fumar uma marca ainda desconhecida de charuto, provar uma bebida. Faço isso constantemente no meu dia a dia. Tenho a necessidade de tocar em texturas diversas e proporcionar aos meus olhos imagens que me remetam a novos lugares.

Quando vou a um restaurante e não estou seguindo nenhuma dieta específica, busco escolher pratos que nunca pedi antes. Essa curiosidade me leva a fazer uma revisão sobre meus próprios gostos, pois me apresenta ingredientes e sabores que meu paladar ainda não acessou.

Eu nunca fui um grande apreciador de mamão. Um belo dia, resolvi experimentar a famosa sobremesa feita de creme de papaia com licor de cassis. Para minha surpresa, o doce se revelou incrível e mudou minha percepção sobre a fruta. Eu ainda não sabia, mas essa experiência seria fundamental, tempos depois, durante uma viagem de trabalho para a Costa Rica, quando me ofereceram um mamão típico da região.

Segundo o garçom do restaurante onde estávamos, o sabor da fruta era incomparável ao de qualquer outro lugar do planeta. Eu resolvi aceitar a oferta. E ele não estava errado. No fim, vivi uma experiência gastronômica sensacional que não teria desfrutado se tivesse permanecido preso a uma sensação do passado.

De novo, posso soar como simplista, mas esse é um tipo de ação que aguça meus sentidos e me permite criar novas conexões em minha base de conhecimentos. Não posso dizer, contudo, que esse formato de aprendizagem é uma receita de bolo e que sempre me traz resultados em meus negócios. Minha recomendação é para que qualquer pessoa, em qualquer realidade, encontre seu jeito de abrir a mente e se sentir mais criativa.

UM REBOOT **NO MEIO DO DIA**

Ocupar o meu tempo com pequenos espaços para o aprendizado é algo natural no estilo de vida que adotei e que me empenho para preservar. Aos 52 anos de idade, já consolidei um tipo de rotina que me proporciona prazer e aprendi a identificar como minha mente processa melhor as informações, quais os períodos do dia em que me sinto mais produtivo e em quais momentos eu me dedico à contemplação e ao ócio criativo.

Exemplificando, na maioria das vezes acordo sozinho, sem despertador, por volta das seis horas da manhã. É o momento que mais dedico à minha intimidade e reflexão. Então me levanto da cama sem fazer barulho para não despertar minha família e vou para minha varanda. Esse é o canto da casa onde deixo tudo à mão para curtir as primeiras horas da manhã comigo mesmo: a máquina de chá e café, meus óculos de leitura, meu kindle e/ou alguns livros que estou lendo. Neste espaço, meu *"genius loci"* dentro da minha casa, tenho também um aparelho Amazon Echo Show — o famoso Alexa — e uma televisão muito moderna onde estudo alguns documentários no YouTube.

Coloco uma seleção aleatória de músicas clássicas — tento sempre ouvir novas composições — e faço algo que vai me proporcionar uma experiência de prazer. Posso estudar inglês, ler algo interessante na internet e compartilhar com amigos ou colegas, folhear um livro. Há dias, porém, em que também fico simplesmente em silêncio contemplando o vazio e me preparando para a manhã de trabalho e reuniões.

Na hora do almoço, costumo me provocar diariamente a viver um tipo de experiência diferente. Gosto de conhecer novos restaurantes, pedir pratos pela primeira vez, provar uma taça de um vinho desconhecido. Como expliquei, esse gesto simples me ajuda a aguçar os sentidos e expandir meu inconsciente para o novo. É como se essa pausa funcionasse como um *reboot* no meio do dia para me manter aceso para mais uma tarde de compromissos.

Quando chega a noite, gosto de me dedicar a atividades que não são exatamente criativas e precisam mais da minha atenção. Isso porque já percebi que eu sou mais criativo pela manhã e mais reflexivo e analítico ao fim do dia. Em resumo, na minha rotina, em metade do tempo eu me sinto mais indutivo, na outra, mais dedutivo. Aprendi a usar essa informação a meu favor e, consequentemente, saber qual o meu melhor momento para pensar em determinadas questões — ou para não pensar em nada.

Levo bastante a sério a manutenção de uma vida cotidiana que me permita aprender algo todos os dias. Essa é minha principal fonte de conhecimento e de juventude, algo que me renova e me faz querer seguir adiante sempre um pouco mais.

No mundo corporativo, percebo que muitos empreendedores não se dedicam a entender esses "pequenos detalhes" da vida — uso aspas propositalmente. Como consequência, essas pessoas incorrem em pelo menos dois dos três elementos que citei acima (exibicionismo, narcisismo e egoísmo), perdendo a chance de se autodesenvolverem e vivenciarem o *lifelong learning* na prática. E sem crescimento individual, a vida entra em modo automático.

Costumo usar com meus alunos e funcionários a metáfora sobre dirigir um carro. No início, parece complicado demais acionar vários comandos, analisar retrovisores, pensar em todas as situações possíveis em frente ao volante. Como dar conta de tantas funções ao mesmo tempo? Chega um momento, contudo, em que essa vigilância cessa. Esquecemos o que estamos fazendo e apenas guiamos. Isso acontece porque nos sentimos no controle da direção. Sabemos de tudo e não há mais nada que possa nos preocupar. Então relaxamos.

Essa confiança, no entanto, pode ser uma grande armadilha, pois quando entramos nesse modo automático não nos preparamos para agir de maneira diferente caso uma situação inesperada ocorra. E sempre há uma possibilidade de penhasco, tempestade forte, neve na pista. O que fazer nesses casos?

Essa lógica também vale para os negócios. Quando um empreendedor acredita que já aprendeu tudo o que precisa e esquece de evoluir continuamente, sua empresa certamente será gerida sob esse modelo. Não há perspectiva para o novo, porque não há ação prática para inovação (já falamos disso no capítulo 13).

Acontece que a vida é sempre uma novidade. Não é possível viver um dia após o outro como se tudo fosse robótico ou engessado. Em algum momento, isso vai desandar, e quando você abrir os olhos vai precisar fazer um grande esforço para recuperar o tempo perdido. E esse esforço traz um peso às vezes insuportável de carregar.

Há atualmente uma geração de empreendedores pouco atentos a tal armadilha. São líderes estagnados, pouco criativos e sem abertura a receber *feedbacks*. A conjunção dessas características, por sua vez, cria uma espécie de ambiente perfeito para a ocorrência de um erro crasso no mundo dos negócios: a falta de função nas relações, seja com pares, com liderados ou, o mais grave, com os clientes.

Como já expliquei antes, todas essas relações precisam de um escopo para serem saudáveis e produtivas. Para descobrir qual é esse escopo, algumas perguntas podem ser feitas: Qual é o meu objetivo para lidar com determinada pessoa? O que eu espero dessa relação? A parceria com esse cliente vai permitir uma construção favorável para ambas as partes? Se essas questões não estiverem claras, talvez exista aí uma séria falta de função que pode ser prejudicial mais adiante.

Um exemplo é a produção deste livro que você tem em suas mãos. Para tornar a publicação a melhor possível, eu contratei um editor para trabalhar comigo e me ensinar o que não domino de um processo editorial. Esse foi o escopo que definiu nossa relação desde o início e significa que nós dois sabemos, cada um, nossa função nessa parceria. Tal condição me permitiu, durante todas as etapas do trabalho, estar aberto ao aprendizado. Se isso não tivesse acontecido, certamente reagiria mal a algumas situações e críticas, prejudicando o resultado e, o mais grave, perdendo nosso escopo.

WHAT, WHY, HOW?

A capacidade de se manter disponível a conhecer o novo está diretamente ligada à realização de sonhos, sejam eles pessoais ou profissionais. Para que isso faça sentido, vou usar a teoria dos três Ws: *what, why* e *how*?

Vamos partir do *what*: o quê. Qual afinal é o seu sonho? Ele é verdadeiramente seu ou adquirido de alguém? Nesse primeiro ponto, você precisa ter 90% de confiança de que esse desejo é genuinamente seu, forjado dentro de você e das perspectivas que você espera para sua vida. Somente 10% dele pode vir da inspiração de outras pessoas.

Em seguida, temos o *why*, o por quê, a justificativa para seus propósitos e caminhos. Nesse fundamento, você pode contar com a orientação de parceiros que ajudarão com opiniões e experiências. Esse apoio, porém, deve se limitar a cerca de 30% a 40%. O restante deve estar sob sua responsabilidade.

Por último, vem o *how*: o como, a realização na prática. Nessa etapa, você pode ter 80% de contribuição de outras pessoas; aquelas que sabem fazer o que você não sabe e atuam como facilitadoras, disponibilizando métodos e técnicas e agilizando a execução. Não é preciso ficar obsessivo com o "como" ou sentir vergonha de contratar profissionais mais capacitados em determinadas funções. Saber até onde ir é um modo de aprendizado, porque libera seu tempo e espaço mental para temas que trarão mais prazer.

Tomemos como exemplo uma startup criada por dois ou três amigos que se juntam com uma ideia fantástica. A proposta é inovadora no mercado e tem chances de gerar excelentes resultados. No entanto, há um problema crucial: eles não têm capital intelectual apropriado para implementar a solução tecnológica adequada para o negócio. O desfecho, no caso, certamente se encaminhará para: 1) Ir adiante com o conhecimento que possuem; 2) Procurar desesperadamente um sócio da área de TI para preencher essa lacuna.

Infelizmente, para ambas as escolhas, o destino mais provável é o fracasso. Na primeira situação, o desastre é premeditado. Trata-se do velho hábito de matar uma excelente ideia devido a uma péssima execução — falta o *how*. Na segunda, o erro é mais sutil. Apesar de parecer ser a solução correta, não podemos repassar a gestão do nosso sonho para alguém que não faz parte dele; que não introjetou o *what* ou o *why* e caiu de paraquedas em nosso desejo.

Saber dosar esses Ws e avaliar aquilo que devemos conhecer melhor é um exercício fundamental para se adquirir conhecimento. Em minha experiência, aprendi que não posso manter meu compromisso de aprendizado baseado na culpa ou na cobrança. Acima de tudo, preciso entrar nesta busca por interesse e por prazer.

Costumo dizer que não sou nem nunca fui um expert em finanças, um assunto nevrálgico para minha companhia. Durante muito tempo, o assunto foi uma pedra no meu sapato. Eu me culpava por não entender bem algo tão importante e fazia o que estava ao meu alcance para mudar o jogo. Porém, por mais que eu tentasse estudar e aprender o assunto, pouco evoluía e terminava as aulas quase sempre de mau humor.

Só consegui me libertar dessa dinâmica quando entendi que, na verdade, não precisava entender tudo sobre finanças; bastaria procurar ajuda no lugar certo. Foi então o que fiz. Contratei profissionais que teriam o papel de me orientar sempre que necessário nas questões financeiras da empresa. E nunca mais me culpei por isso.

Por outro lado, quando estou interessado em aprender algo específico para encontrar alguma solução, gosto de buscar inspiração em histórias de sucesso de quem atravessou tal ponte antes de mim. Procuro pessoas que realizaram seus sonhos e compartilham as etapas ultrapassadas do início ao fim glorioso.

A internet é um grande baú de *cases* desse tipo. Gosto de vasculhar as páginas atrás dessas histórias, pois elas reverberam em mim de uma maneira diferente. Há nelas uma verdade que muitas vezes me toca profundamente. Quando isso acontece, eu consigo transcender essa experiência vivida pelos outros e construir um conhecimento que faça sentido para mim.

Outras atitudes essenciais também podem funcionar como instrumentos poderosos para se manter em *lifelong learning* e não cair numa rotina robotizante, principalmente dentro da empresa. Viajar, por exemplo, para participar de feiras de negócios e, se possível, em outros países.

São eventos enriquecedores não somente pela oportunidade de se criarem novos relacionamentos e se prospectarem clientes, mas também para experimentar coisas novas, explorar possibilidades, conhecer culturas diversas. É muito comum ver grupos de brasileiros que ainda não enxergam essas possibilidades e continuam frequentando feiras internacionais sem sair de suas bolhas; ficam juntos o tempo inteiro, conversando com as mesmas pessoas e desinteressados em circular pelos espaços.

A busca pelo aprendizado é sempre um verbo, uma ação intencionada de conhecer algo. Uma maneira de trazer isso para o dia a dia dos negócios é lançar um produto ou serviço todos os anos. Não precisa ser um projeto grandioso ou necessariamente inovador. A proposta é que seja uma iniciativa que movimente a empresa e traga novos estímulos ao time. O objetivo, nesse caso, está mais na abertura para a reinvenção do que no resultado em si.

É fundamental ainda buscar o contraditório e as críticas. Quando você vive cercado de pares ou liderados que querem apenas agradar, ninguém dirá a você o que precisa ser dito. Se dentro da sua companhia não há, na prática, uma cultura da crítica, procure isso fora. Pelo menos uma vez por trimestre, provoque-se a vivenciar algum tipo de experiência nesse sentido. Esteja aberto a ouvir a verdade, ainda que ela lhe cause uma crise existencial. Esse será o maior sinal de que você está elaborando e se reformulando. Você estará, enfim, em pleno aprendizado.

No próximo capítulo, falaremos de uma das formas de aprendizado mais interessantes para acelerar o crescimento de seus negócios: a mentoria.

CAPÍTULO 16

O VALOR EXTRAORDINÁRIO DA MENTORIA

Para ajudar verdadeiramente alguém e a si mesmo, antes você precisa ser um sagaz curioso sobre todas as coisas da vida e um eterno interessado no conhecimento e em aprender. Nessa busca, ter mentores experientes é uma das melhores maneiras de jogar luz sobre o seu caminho.

Em minha jornada, tive e tenho a sorte de ser influenciado por pessoas incríveis. É por isso que gosto de deixar sempre aberta a janela de oportunidades para novos candidatos a mentores. Boa saúde, realização financeira, liberdade, inteligência emocional e ambição são os principais critérios que procuro naqueles que podem me guiar. Busco, inclusive, pessoas que tenham essas características mais fortes que as minhas próprias — e apesar de parecer simples, não são fáceis de se encontrar por aí.

Também tenho como premissa uma condição: meus mentores devem ser pagãos, afinal, quanto mais pagão é um indivíduo, mais brilhante é sua mente e maior a sua capacidade de lidar com nuances e ambiguidades. E, por último, dou preferência a pessoas que sabem perder. Acredito que decifrar alguém pelo que ela tem é um erro, mas pelo que ela tem receio de perder é um atalho.

Os mentores podem ser ocasionais, temporais ou até mesmo provocadores de crises existenciais; esses últimos, como você pode imaginar, são raríssimos. Os ocasionais são os oportunos, em geral de uma única ou poucas agendas. Muito do que escrevi neste livro transcendi a partir de lições originadas em uma reunião com algum sócio ou parceiro de negócios. Na maioria das vezes, a pessoa nem percebeu o que provocou em mim, porém foi algo que despertou um ensinamento capaz de tocar minha realidade e minhas inspirações.

Um mentor ocasional com quem tive esse tipo de troca cruzou meu caminho recentemente. Para contextualizar melhor, preciso dizer que estou em um momento de buscar ajuda para aprender como transformar um sonho empresarial em uma tese na qual outros investidores queiram investir. Nessa empreitada, fiz inúmeras reuniões com "vendedores" de serviços para fusões e aquisições.

Foi em um desses encontros que uma mulher me chamou a atenção. Inteligente e segura, ela destoava do comportamento daqueles profissionais ao nosso redor. Pude notar em sua fala que ela estava mais interessada nos sonhos do empreendedor do que no mero objeto "empresa". Como eu sou um empreendedor sonhador, vi nela alguém para me inspirar e orientar.

Os mentores temporais são os que você escolhe conforme a fase em que se encontra. Há aqueles que são bons para as crises de meia idade profissional — quando você está em dúvida se escolheu o trabalho ou a profissão correta; há os que são úteis para provocar revisões de comportamentos na gestão da relação com os nossos liderados ou pares; e há os que trazem conhecimentos experimentados de métodos administrativos.

Considero esses mentores como temporais porque se trata de uma relação finita. A amizade pode até continuar, se isso couber na relação construída entre as partes, contudo é saudável que exista um acordo projetual com início, meio e fim.

Uma boa parceria desse tipo normalmente acontece com um acordo de interações quinzenais ou mensais que durem cerca de um semestre — apesar dos meus atuais mentores estarem trabalhando comigo por alguns anos. Adiante trataremos sobre critérios a serem avaliados por você para escolher um mentor temporal. Esses discernimentos também serão úteis para a identificação de um mentor provocador de crises existenciais.

Particularmente, eu adoro os provocadores de crises existenciais. São aquelas pessoas que lhe falam algo que o joga nas profundezas das reflexões e despertam uma vontade intrínseca de fazer alguma revisão em si mesmo. Um exemplo que aconteceu há pouco comigo: um qualificado homem, ex-CEO de uma multinacional, me disse que eu lidava com os investidores tentando fazer eles gostarem de mim, o que, em si, não era ruim. M mas eu podia estar me iludindo, afirmou ele. Os investidores buscam projetos lucrativos e eu deveria dar ênfase a isso, fazê-los gostarem e acreditarem na minha tese. A provocação ecoou profundamente dentro de mim e atentamente estou me dedicando ao aprendizado deste ensinamento.

"E como encontrar essas pessoas?", você me perguntaria. Minha resposta: esteja disponível para conversar. Quando estamos envolvidos em alguma questão, seja oportunidade ou problema — na prática, não há muita diferença entre um e outro, exceto pela tensão levemente maior provocada por um problema —, abrimos nossa atenção para uma seleção temática; captamos, como uma antena ou radar, qualquer dado, mesmo não estruturado, com potencial de se transformar em informação útil. É nessas horas que boas surpresas relacionais acontecem.

PARTICULARMENTE, EU ADORO OS PROVOCADORES DE CRISES EXISTENCIAIS. SÃO AQUELAS PESSOAS QUE LHE FALAM ALGO QUE O JOGA NAS PROFUNDEZAS DAS REFLEXÕES E DESPERTAM UMA VONTADE INTRÍNSECA DE FAZER ALGUMA REVISÃO EM SI MESMO.

Para tanto é preciso estar atento, pois se trata de um "trabalho" oportunístico. Uma dica: converse com o maior número possível de pessoas. Não precisa ser sobre um tema específico, se você não o desejar. Cuide apenas para que seja um assunto de interesse seu e do outro, que proporcione evolução para todos e nunca em meio a grandes grupos (no máximo, você e mais três pessoas; com duas ou apenas uma por vez também funciona bem). Esses diálogos podem ter início em eventos sociais, reuniões de trabalho e até redes sociais.

Uma recomendação importante é que não se deve utilizar clientes como mentores. Nossa relação com estes deve ser sempre e exclusivamente pautada pelo serviço e pelo prazer em servir, pois misturar papéis é um risco incalculável. Na relação com o cliente, lembre-se do que eu já disse antes: *"O mais organizado organiza o menos organizado"*. É nossa função ser mais organizado do que o cliente e atuar para resolver seus problemas. Não se trata de parecer mais inteligente ou de medir quem é o melhor na disputa de alguma coisa — isso é pura infantilidade que só serve para estragar a relação de serviço.

DICA DO AUTOR: O MELHOR MENTOR É UM EMPREENDEDOR QUE VIVEU O MESMO DESAFIO QUE VOCÊ ESTÁ VIVENDO.

ESCOLHA COM BASE NOS PRINCÍPIOS DELE E NO SEU PROPÓSITO

No Brasil, infelizmente, até a conclusão deste livro, não conhecia muitos líderes empresariais e empreendedores que consideravam importante contratar um mentor para ajudá-lo com assuntos construtivos. Já nos Estados Unidos da América isso é tão diferente que o seu presidente proclamou o mês de janeiro de 2022 como Mês Nacional do Mentor. Em um trecho da proclamação ele ressalta a importância dos mentores.

"[...] Não importa nossa origem ou circunstância, toda criança na América tem o direito de ir tão longe quanto seus sonhos a levarem. Mas esses sonhos raramente são alcançados sozinhos. Todos nós nos beneficiamos do apoio, sabedoria e carinho dos mentores que trilharam o caminho antes de nós [...]".

Uma abertura franca para ouvir críticas ou nos fazer perguntas que sequer imaginávamos, vindas de uma pessoa qualificada que não está preocupada se vamos reclamar, não gostar ou dispensá-la. Aprendi na prática que isso é de valor imensurável.

O comportamento brasileiro de que todo mundo é um provável espião, ou de somente qualificar alguém mais bem sucedido financeiramente que você, ou ainda de ficar medindo forças na comparação com o outro — tipo "eu tenho isso melhor que você" — criou um ecossistema empreendedor solitário, sem colaboração. É uma intenção prepotente, minha, que este livro seja um divisor de águas para você, meu prezado leitor, tipo antes e depois, sobre a abertura e o investimento na relação com mentores.

Para escolher seus mentores, guie-se principalmente pelos princípios que eles seguem. Os princípios são únicos, determinam os fundamentos e a identidade. Os fundamentos são as bases de valores a que você recorre quando precisa tomar decisões difíceis; são os melhores critérios nos momentos de apuros. Portanto, na minha leitura, o mais importante na escolha de um mentor são seus princípios. Tanto faz se sua metodologia é A ou B, pois com uma correta dose de boa vontade a grande maioria dos métodos ajudam.

Nenhum método, no entanto, é inventado do nada. Isso significa que para alguns já funcionou e, assim, justificou-se o interesse em documentá-lo e colocá-lo disponível para outros. Logo, o erro numa experiência de insucesso não está no método em si, mas no critério de escolha do sujeito. Recupero aqui a atenção máxima para a responsabilidade de quem escolhe, pois o mentor, o método, quando escolhidos erroneamente, já são um efeito; são posteriores reflexos de uma escolha estereotipada e consequentemente não funcional.

Concordo que apenas uma indicação de amigos qualificados ou uma primeira entrevista não é suficiente para uma responsável análise sobre se o mentor será útil e funcional ao nosso propósito. Entretanto, no papel de mentorados devemos assumir um compromisso de, em até no máximo quatro meses, termos verificado e concluído os critérios que elegemos para a escolha do mentor em questão. Como diria minha avó: "Você precisa comer um saco de sal para conhecer verdadeiramente uma pessoa". E uma vez que o sal é consumido de pitada em pitada, é bem provável que sejam necessários quatro meses para essa conclusão.

Ao final, não existe mentor ruim. Trata-se apenas de uma falta de alinhamento entre a proposta do mentor e o nosso propósito quando se deu o encontro ou o trabalho. Em cada tempo da nossa construção, da nossa história, dos nossos negócios, temos os nossos desafios prioritários. Algumas vezes conheci candidatos a mentores de cuja relação eu cuidei, visando a convidá-los futuramente, pois intuitivamente sabia que eram qualificados, entretanto outras prioridades estavam me consumindo no aqui e agora.

A BENÇÃO DO FEEDBACK

O best seller *A Escola dos Deuses,* um livro de Elio D'Anna [56] com ensinamentos que transcendem nosso plano espiritual e nos leva além, tem uma passagem que me marcou muito: "O antagonista é o seu maior aliado."

Essa afirmação faz muito sentido quando estamos falando de uma relação de mentoria, pois o simples fato de conseguir alguém qualificado e livre para ouvir e ler você, e depois disso te apresentar algumas observações, é uma dádiva. E se ele ou ela consegue pensar de uma maneira totalmente diversa da sua, por outros prismas e com outras lógicas, e ainda assim interagir com você para explicar essas divergências, isso é um nirvana!

Apesar de os benefícios dessa troca parecerem óbvios, a maioria das pessoas ainda resiste a receber as bênçãos de um bom feedback, conforme já disse anteriormente. Essa resistência é um entrave para experimentarmos possibilidades reais de evolução individual, visto que, ao nos colocarmos sempre diante dos mesmos eventos, nada mudará em nós.

Nosso conhecimento, contudo, não pode ser nem menor e nem maior do que aquilo que somos. Um ser humano sabe somente aquilo que é. Conhecer significa, antes de tudo, ser. Assim, quanto mais você é, mais sabe. Então como nos tornarmos mais? Aqui está a resposta: somente por meio do olhar do outro sobre nós alcançamos um conhecimento sobre ser mais — e, consequentemente, conhecer mais e saber mais.

---

56 D'ANNA, Elio. **A escola dos Deuses**: formação dos líderes da nova economia. São Paulo: Barany, 2019.

Um feedback qualificado é, na minha leitura, quase um tratamento de saúde. Nossos próprios pensamentos e sentimentos são os criadores das doenças, do envelhecimento, do fracasso e, em última instância, da nossa morte. Se pensamos no paraíso, seguimos em direção a ele, todavia se pensamos no inferno, vamos em direção ao inferno. E por algum motivo aterrorizante, muitos de nós escolhemos nos matar por intermédio dos nossos medos e dos nossos devaneios destrutivos.

Quando um indivíduo consegue quebrar o preconceito e aprende a receber feedbacks, ele se torna capaz de construir uma base de conhecimento sobre si mesmo mais realista. Eu posso dizer que sou um exemplo disso. Pelo menos algumas vezes ao ano, procuro meus mentores com a mais simples e livre pergunta que se pode fazer: "Na sua visão, onde eu estou errando?"

Essa é uma questão mágica, porque não exerce influência na resposta e não conduz a nenhum viés de pensamento. Por meio dessa abertura para o outro, eu consigo ouvir como me tornar responsável por vencer a mim mesmo, a minha própria mentira e a minha autossabotagem.

Esse gesto, porém, deve ser genuíno e sincero. A pior atitude que podemos ter é a de questionar o feedback recebido. Nós podemos, sim, em algum momento, achar que escolhemos mal o mentor, que não o qualificamos adequadamente ou que não usamos os melhores critérios; entretanto, colocar-se contra a informação recebida é um comportamento de negação.

Partindo do princípio de que a informação em si não tem energia, por que então eu fico fechado e até irritado quando recebo críticas? A energia está em mim, o receptor, naquilo que toca e reage dentro de mim. Nada é externo. Não existe dificuldade ou limite que não encontre a sua origem dentro de nós mesmos. Somos o único e exclusivo obstáculo para nossa evolução.

Certa vez, um jovem iniciando sua jornada profissional me perguntou numa conferência da nossa companhia:

— O que eu faço para me tornar um bom profissional e o que eu faço para me tornar um profissional ruim?

A resposta que lhe dei:

— Para sua evolução profissional, seja curioso e estudioso. Busque conhecimento em toda parte e coloque-o em prática para não se tornar um teórico que aprende e ensina sobre o que não faz. Já para a sua ruína profissional, desconsidere a importância do feedback; não aceite nada do que tentem lhe mostrar sobre você mesmo e viva fiel às suas convicções independentemente dos resultados que alcançar com elas.

Em tempo, preciso deixar registrada aqui minha compreensão sobre a diferença entre o mentor e o psicoterapeuta. O primeiro é capaz de nos ajudar na nossa jornada profissional, pessoal e financeira, se corretamente qualificado. O segundo, por sua vez, é indicado para nos auxiliar a compreender nós mesmos e a buscar autoconhecimento, base para todas as futuras construções.

Infelizmente, a psicoterapia foi considerada pelas gerações anteriores à nossa um tratamento indicado para pessoas tidas como loucas. Com o tempo, essa visão foi sendo modificada e hoje se defende que todas as pessoas deveriam procurar esse tipo de instrumento para investir em autoconhecimento. Está óbvio, portanto, que recomendo primeiro buscar um psicoterapeuta e somente depois de iniciado esse processo, buscar mentores.

OS MEUS MENTORES

Meu primeiro mentor é o José Dornelas, um dos maiores especialistas brasileiros em empreendedorismo e planos de negócios, grande conferencista sobre esse tema no país. De nobre formação escolástica, ele é engenheiro, mestre e doutor pela Universidade São Paulo (USP). Leciona em cursos de MBA na USP e na Fundação Instituto de Administração (FIA). Preside a Empreende, consultoria especializada em planejamento de negócios, captação de recursos e treinamentos a empreendedores[57]. Também fundou e preside o Instituto Fazendo Acontecer (IFA), organização sem fins lucrativos voltada à educação empreendedora para adolescentes carentes[58], da qual tenho o maior orgulho em participar, investindo em toda a infraestrutura tecnológica necessária para escalar mais e mais o alcance da iniciativa.

Dornelas é durão comigo. Ele me ajuda a não sonhar com voos sem consistência e sempre me traz uma visão real segundo a inteligência dele, ou seja, não está preocupado com o que eu quero ouvir. Possui uma network de altíssimo nível e é um grande apreciador de vinhos. É o meu mentor de realidades e de métodos. Às vezes, eu até acho que ele é realista demais, mas seu antagonismo comigo é uma das maiores riquezas que podemos ter em um mentor.

Conversar com Dornelas sobre uma nova ideia que pode virar um negócio é uma das coisas mais prazerosas que eu tenho oportunidade de fazer, já que se trata de uma paixão para ambos. E existe alguma coisa mais prazerosa que compartilhar paixões?

---

57 Conheça mais em: https://www.empreende.com.br/ .

58 Saiba mais em: https://www.fazendoacontecer.org.br/nossa-historia/ .

Já o meu mentor para os momentos em que eu preciso me reencontrar comigo é Ângelo Accorsi. Ele é meu consultor de ontopsicologia[59], ciência que estudei e foi fundamental na minha construção empreendedora. Ele é doutor em psicologia clínica pela PUC-RS, especialista em psicologia com abordagem em ontopsicologia pela Universidade Estatal de São Petesburgo, Rússia, e graduado em psicologia na Unisinos (RS). Atua como empresário, ontopsicólogo, psicoterapeuta e docente universitário. É diretor da Accorsi consultoria[60] e cofundador da Impare Educação[61].

Com Ângelo, eu valido meus instintos oníricos, reviso minha consciência sobre algum problema e faço uma releitura das dinâmicas nas relações que me cercam. Ele constantemente me coloca no centro, no foco do meu projeto, e me alerta sobre as dispersões que eu estou me permitindo e das autossabotagens que cometo. Às vezes, sinto que ele me conhece mais profundamente do que eu mesmo.

Luiz Fernando Lucas é meu mentor inspiracional. Autor do best seller *A Era da Integridade*[62], ele se autointitula filósofo de ação e sonhador lúcido. Advogado e pós-graduado em administração, busca com uma voracidade ímpar diversas experimentações que lhe proporcionem mais conhecimento sobre as coisas da sua vida.

---

59 A Ontopsicologia é uma ciência interdisciplinar e epistêmica cujo objetivo é a investigação e a demonstração da capacidade de conhecer o real de modo reversível, ou seja, com nexo ontológico.

60 Conheça mais em: https://www.accorsiconsultoria.com.br/ .

61 Saiba mais em: https://www.impare.com.br/ .

62 LUCAS, Luiz Fernando. **A era da integridade**: Homo Conscious – A próxima evolução: o impacto da consciência e da cultura de valores para encontrar propósito, paz espiritual e abundância material na sua vida pessoal, profissional e na sociedade. São Paulo: Gente, 2020.

Entre essas curiosidades, ele eventualmente se permite experimentar com indígenas na Amazônia o polêmico chá de ayahuasca, ao mesmo tempo que estuda sobre o estado de *flow*[63]. É fã do cientista Bruce Lipton[64], assim como eu.

Minhas conversas com ele abordam temas que estudamos sobre como podemos nos tornar seres humanos melhores, primeiramente para nós mesmos e, em seguida, para tudo e todos. Do seu livro sobre integridade, eu adoro essa passagem: "A música representa a manifestação do ser, a vida, no belo equilíbrio que técnica e integração podem gerar. Cabe ao maestro definir o ritmo, dar o tom e determinar qual é a hora de estar em destaque ou, ainda, de estar em silêncio. Numa bela sinfonia, nenhum dos instrumentos toca o tempo todo e é o silêncio que dá o ritmo entre as notas, criando a melodia".

Destaco Newton Roriz, um ser de outra dimensão espiritual — ou seria de outro planeta? Ele é uma pessoa que me traz, sem se repetir, reflexões profundas sobre a vida e a espiritualidade. É como se ele tivesse fundado uma ciência própria ao unir esses dois temas.

Roriz está na casa dos seus setenta e poucos anos enquanto concluo este livro. Foi banqueiro e investidor em diversas empresas dos mais diferentes segmentos de mercado. Ele adora escrever e possui milhares de artigos autorais não publicados aos quais somente poucos amigos sortudos como eu têm acesso. É bem-sucedido

---

63 Termo cunhado pelo psicólogo Mihaly Csikszentmihalyi, significa um estado de consciência e atenção no que se está fazendo que proporciona uma sensação de alegria e profundo prazer.

64 Bruce H. Lipton, Ph.D., é um pioneiro no campo da nova biologia e é reconhecido mundialmente pelas suas contribuições em construir pontes entre a ciência e a espiritualidade.

financeiramente, mas gosta de cultivar uma vida simples e privada. Nenhum leitor curioso vai encontrar qualquer informação sobre ele nas redes sociais.

O que mais me chama a atenção em Newton é a sua construção histórica. Mesmo tendo sempre lidado com dinheiro, que é um mercado complexo, conseguiu chegar até os dias atuais sem um inimigo sequer. Ele até hoje é ativo em investir em empresas, comprando-as e vendendo-as. É de uma inteligência distinta, tanto nas relações com os outros como na administração de sua privacidade. Newton, para mim, é exemplo de saúde, alegria de viver, realização e sabedoria. Eu desejo ter essa plenitude quando alcançar a idade dele.

TODOS SÃO MENTORES, É A SUA FUNÇÃO

Meus sócios são meus mentores, minha esposa é uma maravilhosa mentora, meu filho, que é autista, me ensina muito a cada dia e a minha filha é um dos mais incríveis projetos que estarão no livro sobre a minha biografia. Todos são mentores, sou eu que defino isso.

Eu demorei para compreender que sou eu mesmo que dou função útil e funcional para todas as pessoas em torno de mim. Ao estabelecer uma relação com o outro, eu sou o único responsável por uma das seguintes opções: transcender — quando obtenho conhecimentos valiosos das minhas interações com a pessoa e eles me proporcionam ensinamentos; ou relativizar — quando as interações pouco ou nada me acrescentam e eu tenho a percepção de que não devo gastar energia emocional com o fruto dessas trocas. Se consigo fazer isso, as minhas relações tornam-se mais saudáveis e repletas de aprendizados.

Meu filho, por exemplo, com diversas limitações, com futuro incerto, é um aprendizado gigantesco de amor — sem dúvida —, mas também de empreendedorismo. Como empresário, tudo em que eu coloco 100, espero um resultado de 250, 200 ou, por baixo, 150. Quando o resultado é de 120, preciso me aproximar dos líderes porque sempre há muito risco envolvido em qualquer projeto e não faz sentido um investimento com retorno tão baixo. Entretanto, com o meu filho, invisto sem cessar 100 e quando tenho um resultado de 20 ou 10, é uma alegria espiritual. Meu filho me ensina que nem sempre os resultados são visíveis aos olhos ou expressos em números. Existem resultados subjetivos que nos engradecem a alma, como pessoa, como ser humano.

Outro exemplo, meu sócio e responsável pelo conselho de governança e aquisições da FCamara, o Maurício Melo. Ele é o incompreendido que funciona. Em toda história de empreendedores de sucesso tem que existir algum vilão (no bom sentido), e na minha não é diferente. Mauricio tem somado ao desenvolvimento do nosso grupo desde quando começamos a ser sondados por investidores, há 5 anos atrás. Ele é muito diferente de mim usualmente se veste com seu elegante terno de 3 peças, o que me parece exagerado na maioria das ocasiões. Seu estilo de comunicação é interpretado por mim como formal e até, algumas vezes, beira a arrogância, mas muito prático, pois ele é capaz de criar narrativas impressionantes fundamentando números e indicadores financeiros.

Maurício me ensina como agir diferente do meu complexo base de genitura, pois sou primogênito e tenho por matriz o hábito de querer cuidar de todos. Ele é o durão e me demonstra um princípio de vida muito simples. Segundo ele, para ser feliz você precisa apenas ter boa saúde e memória curta. Quem tem memórias demais gasta energia com o que não vale a pena, pois memória de fatos acontecidos não é atual ou útil. Demorei um tempo para compreendê-lo, para perceber o valor do que venho aprendendo com ele, mas hoje eu o chamo carinhosamente de meu malvado favorito.

Na nossa holding tenho muitos sócios, alguns mais novos, vindos das empresas que incorporamos, e cada um deles é um mentor para mim. Por exemplo, o Kleber Santos. Eele me ensina tanto sobre gestão de riscos, gestão de pessoas e uma infinita busca pela simplicidade da vida! Já o meu sócio Orlando Ovigli, que é o mago da capacidade de relação, o expert em nunca ficar aborrecido com alguém e talvez nunca ter deixado alguém aborrecido com ele, é o nosso interlocutor nos momentos de crise.

O Fabio Matias, que é meu professor de networking, é um genuíno interessado em se relacionar e hábil em cuidar destas relações. Lembro com carinho de um dia em que eu estava muito preocupado com o aperto no caixa da empresa eele me explicou: "Não gaste energia com isso, dinheiro é uma coisa inventada que você consegue de alguma forma inteligente. O que você não tem à disposição é o seu tempo, ele é limitado e finito. Invista o seu tempo em prioridades melhores e as outras coisas virão como consequência".

Para concluir, meus dois sócios mais novos (de tempo de trabalho conjunto comigo). O Arthur Lawrence, com uma preparação escolástica ímpar (ele fala com fluência 4 línguas e já fez diversos MBAs) e sua incansável disposição para tudo. Às vezes acho que ele é um ser humano de bateria infinita, nunca o percebi cansado. Eu o apelido como o inimigo do fim! Ele é o futuro internacional do nosso grupo. Também o Joel, um técnico competentíssimo apaixonado por formar pessoas. Joel representa o sonho do projeto FCAMARA, com simplicidade e responsável conhecimento técnico-especialista, trabalhando para transformar pessoas, transformar negócios e escrever nossa história de progresso.

E você, já descobriu seu(s) mentor(es)? Não desperdice a extraordinária oportunidade de contar com mentores que possam contribuir com o seu desenvolvimento, está nas suas mãos dar abertura para esta experiência. Bons mentores vão te ajudar a enxergar seus pontos cegos, a evitar muitas cabeçadas, e contribuirão muito para que você seja capaz de melhorar bastante a qualidade de sua vida pessoal e profissional.

Quero, no próximo capítulo, convidar você para falarmos de um tema que não poderia ficar fora desse livro: o dinheiro.

CAPÍTULO 17

A INTELIGÊNCIA DO DINHEIRO

Afirmo sem medo de errar: poucos têm conhecimento sobre o dinheiro. E estou convencido de que essa desinformação, de certo modo, é proposital, pois aqueles que dominam o jogo do poder não ensinam a população do nosso país a entender algo tão primordial para a sobrevivência social.

Quando eu era criança, lembro-me de ouvir minha mãe me repreender sempre que pegava em moedas ou notas de papel. "É sujo", ela dizia, e logo em seguida me mandava lavar as mãos, pois não se sabia as bactérias que estariam à nossa espreita. Eu não entendia por que ela tinha aquela preocupação específica com o dinheiro, já que a vida tinha tantas outras oportunidades de contaminação nos ônibus, na escola, na rua.

Da infância à vida adulta, levei comigo essa e outras inquietações sobre como lidamos com o dinheiro. Um fato que aconteceu certo dia ilustra bem minha hipótese de que a desinformação é proposital. Na ocasião, fui acusado por minha filha de ser injusto por não lhe proporcionar uma mesada. A justificativa era o fato de uma coleguinha — que testemunhava a situação ao lado do pai — receber cerca de trinta reais por semana, o que lhe dava a possibilidade de adquirir coisas.

Com uma paciência afetiva de quem faz qualquer coisa para a filha aprender a se tornar uma pessoa equilibrada financeiramente, expliquei-lhe que ela não recebia mesada, mas tinha a chance de conquistar o dinheiro ao realizar algum pequeno trabalho que decidiríamos em comum acordo. Porque é assim que eu entendo a economia: antes de darmos algo, devemos ensinar a ganhar, a conquistar, a trabalhar pelos próprios desejos. Já a coleguinha está apenas aprendendo a depender de um valor periódico do qual desconhece o mérito e o esforço feitos para conquistá-lo. No futuro, ela pode até se tornar uma melhor administradora e saber investir, mas sempre será dependente de um sistema, seja de um pai ou de um Estado.

Outro dia, um jovem aluno de um curso de formação em tecnologia realizado por nossa empresa teve uma espécie de choque quando eu disse a ele que, quando ganhamos algum dinheiro, significa que alguém perdeu esse mesmo valor. É uma lei da economia: o dinheiro circula; uma nova nota não é fabricada apenas para que tenhamos acesso a ela. Naquele instante, o rapaz entrou em sofrimento pensando em todas as pessoas que estão perdendo quando ele está ganhando.

Disse a ele que não se culpasse, pois a economia implica regras muito precisas: é uma ordem da vida, uma ordem das relações de valor entre pessoa e pessoa. Faz-se necessário, portanto, compreender tal dinâmica para se tornar protagonista nesse jogo. A inteligência superior de uma pessoa se vê pela sua economia. Infelizmente ninguém nos ensina isso por experiência própria.

DICA DO AUTOR: A MENSAGEM PARA MINHA FILHA E TODOS OS JOVENS É QUE NÃO FAÇAM COISAS DEMAIS, APENAS O IMPORTANTE, USANDO O DINHEIRO COMO PATROCINADOR.

DINHEIRO É LIBERDADE E AUTONOMIA

Para que serve, afinal, o dinheiro? As coisas mais belas que o dinheiro pode nos dar são a liberdade, a autonomia individual e a independência das necessidades históricas. O que significa, em resumo, ser 100% você mesmo, sem a necessidade do consenso e permissão dos outros, livre da rede que envolve e nos une uns aos outros.

Segundo Meneghetti[65], e eu concordo brutalmente, o dinheiro envolve dois problemas:

1. Ele não quer nunca ficar parado; é necessário lhe dar corrida e, cada vez que isso acontece, deve-se ganhar mais e mais;

2. Dá-nos a possibilidade de toda liberdade e todo prazer, mas em si não é o prazer e a realização da pessoa. É sempre um meio, nunca o fim.

A economia é a capacidade de entender esses dois pontos acima e saber ordenar o dinheiro de modo racional. Não são as crises externas, as pandemias, as guerras ou a condição da política do nosso país que nos fazem perder o dinheiro. Quando erros ocorrem e perdemos dinheiro, a razão primeira estará sempre no próprio sujeito.

Vale ressaltar ainda que a economia é, até certo ponto, muito livre, desde que obedeçamos a lei e, principalmente, honremos nossos compromissos fiscais legais. Nós podemos até não apurar lucro em um determinado período, contudo isso não importa para

---

[65] MENEGHETTI, Antonio. **Isomaster como Empresário do Ser**. Restinga Sêca (RS): Ontopsicológica Editora, 2018.

o nosso sócio chamado Estado, porque ele sempre vai querer sua parte regulada. E se está regulado, é devido, não se trata de uma questão subjetiva e não contará com a flexibilidade dos juízes. Talvez seja por isso que se chame de IMPOSTO.

Um agente muito importante da economia que precisamos compreender é o banco. Em se tratando de negócios, para esse tipo de instituição financeira o perfil ideal de empreendedor é aquele que age como um administrador arrojado para se endividar, mas também moderado para nunca falir. Os bancos ficam extremamente satisfeitos quando não quitamos nossos empréstimos, desde que não exista um risco real de inadimplência. Postergar sim, não cumprir os pagamentos, jamais.

A forma prática de decifrar se um banco acredita no seu projeto é a garantia exigida pelo empréstimo solicitado: quanto menores forem as garantias, significa que nosso discurso está consistente e convincente; quanto maiores as garantias, é sinal de que somos apenas uma marionete na relação. Nesse ponto, é vital somente procurar uma instituição financeira ou qualquer outra forma de levantamento de recursos — seja com sócios, investidores-anjo ou fundos de investimentos — com uma tese muito bem elaborada contendo aspectos de mercado, de receitas e resultados e de projeções financeiras.

É importante compreender que a vida não trata os erros com leveza, portanto, se falhamos, imediatamente pagamos pelos nossos equívocos. Daí a importância de se construírem reservas financeiras no percurso do grande jogo da vida e de se buscar ser líder de si mesmo na economia. Essa será a segurança da ordem das coisas e das proporções das relações.

Antes de prosseguir nesse tema, quero deixar claro que este livro não é uma obra de autoajuda para orientar você a se tornar rico. Meu objetivo é tratar sobre a importância da mentoria como qualificação funcional para o aprendizado contínuo durante toda a nossa vida economicamente ativa, pois ao investirmos nosso potencial e progresso no nosso *core business*, alcançaremos a capacidade de nos sustentar com tranquilidade e conforto.

O ESPÍRITO POR TRÁS DA POBREZA

Concordo com o professor Antonio Meneghetti quando diz no livro *A riqueza como arte de ser*[66]: "A pobreza não depende da desgraça ou de dinâmicas externas, mas é profundamente decorrência de anomalias psicológicas da pessoa". É uma raiz com limites internos, como uma planta com potencial para ser uma árvore, porém que foi plantada em um vaso pequeno. Segundo Meneghetti, a pobreza é concretamente determinada por três fatores:

1. **Preguiça devido a estereótipos infantis**: a pessoa perdeu tempo e destruiu suas possibilidades, então deixa a preguiça tolher sua inteligência e suas oportunidades. Porque se sente mais confortável na posição de vítima, ela critica tudo o que é melhor do que aquilo que consegue ter, apenas para não precisar encarar sua preguiça; delega a responsabilidade da sua própria sustentação para um outro, seja o Estado, um familiar mais bem-sucedido ou seu Deus;

2. **Limites de inteligência**: a pessoa nasceu assim e por isso é inútil violentá-la. Não há disponibilidade, não há potencial de natureza; é uma passagem espiritual muito jovem sem nenhuma experiência. É triste, mas faz parte da vida. Naturalmente não somos todos gênios, todavia somos todos geniais em uma determinada proporção. Eu acredito que as pessoas com esses limites possuem

---

66 MENEGHETTI, Antonio. **A riqueza como a arte de ser**. Restinga Sêca (RS): Ontopsicológica Editora, 2016.

plenas condições de se tornarem felizes, desde que não transfiram essa responsabilidade para ninguém e aprendam a assumir responsabilidade pela sua própria vida;

3. **Erros irreversíveis:** situações em que ocorrem dores profundas com consequências intensas. Por exemplo, um empresário constrói fortuna e forma uma família como sua base de segurança, porém entre seus 40 e 50 anos de idade, envolve-se com uma outra pessoa. A esposa descobre, os filhos permanecem ao lado da mãe e se estabelece um divórcio por culpa. Esse homem, então, perde tudo — a inteligência, a paz social, a confiança nas relações com os outros e até a nova companheira — e se lança no fundo do poço. Existem milhares de outros erros que podem ser citados, no entanto todos têm em comum o fato de a economia enquanto administração de si mesmo ser uma juíza implacável que não perdoa facilmente. Há situações econômicas que, se o sujeito as perde uma vez, tornam-se ruína por toda uma vida.

Na pobreza de espírito, existe a rejeição da importância do dinheiro, uma espécie de raiva provocada por não ter algo e querer ostentar o que tem. Na nossa sociedade, por mais que isso seja questionável, o dinheiro é o coeficiente máximo de valor; as igrejas pregam a pobreza, mas buscam o dinheiro de todos os fiéis; o Estado fala de ordem, de equilíbrio social, porém coloca na cadeia quem não paga o que deve; os políticos pregam a igualdade, entretanto viajam de primeira classe no avião quando estão em missões pagas com dinheiro público.

Para deixarmos sair a pobreza como espírito dentro de nós, devemos reavaliar o sentido que damos à nossa relação com o dinheiro. Se o dinheiro é visto como subversivo, isso é resultado de uma sociedade de contradições — uma realidade da qual não exatamente gostamos, contudo não fomos nós que a criamos. Entretanto, ao não darmos sentido positivo ao dinheiro, não ajudamos em nada a nossa realidade e nem a essa realidade social contraditória.

Na minha opinião, você somente sabe lidar com o dinheiro quando não precisa lembrar que ele existe. Se você entra num restaurante preocupado com a conta, ou vai viajar e fica se privando de aproveitar a viagem plenamente por causa das despesas, recomendo não entrar nestes tipos de situações. Você não está sabendo fazer a dialética com o dinheiro!

Também se você fica o dia todo olhando ações para comprar e vender, ou entra em modo de economia radical para juntar com muito sacrifício alguma reserva financeira que não desejará usar durante toda a sua vida, ambos os casos são erros na relação com o dinheiro.

Viver sem lembrar do quanto se tem de dinheiro para comer, para beber, para dormir, é gozar intensamente a vida. Quando você se tornar incapaz ou dependente devido à velhice velhice, as melhores coisas que guardará consigo são as memórias dos momentos incríveis que você se permitiu. Se tiver muito dinheiro sobre o seu controle, herdeiros irão brigar após sua morte. Simpatizo muito com um ditado popular que diz: Eu nunca vi um carro funerário sendo seguido por um carro-forte no caminho para um cemitério.

O dinheiro não é natureza. Um exemplo disso é que sonhar com dinheiro não é signo positivo, certamente é uma mensagem de alerta a respeito de algum erro. Nenhuma pessoa verdadeiramente vencedora que conheci vivia em função de ganhar dinheiro. Para tais pessoas é sempre uma consequência, um resultante de escolhas inteligentes e de um projeto de saber servir aos outros, funcionários, clientes, parceiros, afins, servir melhor que nossos comparáveis.

Para concluir, gosto muito desta frase do extraordinário psiquiatra e psicoterapeuta Jung: "Árvore nenhuma cresce em direção ao céu, se suas raízes também não se estenderem até o inferno."[67] Esse pensamento diz muito sobre como podemos resolver nossa crise na relação sacra com o dinheiro, pois não há espaço para hipocrisia. Ou se entende a regra do jogo e as usa favoravelmente, ou estamos fadados ao vitimismo. Depois, o perdedor justifica que não conquistou o que desejou fazendo-se de vítima da crueldade do capitalismo. Convido você a refletir a respeito.

O tema do nosso próximo capítulo é a transição do papel de empreendedor para o de empresário. É um assunto da maior relevância, pois as pequenas empresas que crescem com consistência e solidez para se tornarem grandes companhias são aquelas com fundadores que também amadurecem na sua relação com elas.

---

67 Disponível em: https://bit.ly/3YWl9Ol .

CAPÍTULO 18

DE EMPREENDEDOR A EMPRESÁRIO

Nenhuma empresa nasce grande. Até se transformar em uma corporação, um negócio passa por algumas etapas, cada uma com características bem definidas e fundamentais para o alcance da dimensão seguinte. Até se tornar um verdadeiro empresário, o empreendedor precisa experimentar algumas transições e estar pronto para o próximo passo. Para explicar melhor essa trajetória, vamos pensar nessa transição como uma espécie de linha do tempo.

O início de tudo ocorre quando uma microempresa reúne as condições necessárias para ascender a uma pequena empresa. A mudança de estágio ocorre à medida que o empreendedor se torna capaz de realizar, com proficiência, a autogestão de seu negócio e já consegue enxergar ali um certo senso de organização e controle — embora o trabalho seja realizado ainda de maneira artesanal.

É a fase em que o pequeno empreendedor domina os assuntos sob sua alçada e exerce uma boa gestão da rotina. Em geral, trata-se de um trabalho solitário, pois há pouquíssimos colaboradores envolvidos nas atividades, sendo ele próprio o responsável por diferentes funções: comercial, financeiro, logística, marketing — são vários personagens em um só, liderando uma operação para levar produtos e serviços ao mercado.

Vencida essa etapa, o pequeno empreendedor, caso deseje chegar ao patamar de médio empreendedor, precisa começar a lidar com dois pilares importantes: 1) Suas ofertas devem deixar de ser artesanais e de depender dele para existir; 2) À medida que a equipe for crescendo, ele deverá aprender (e praticar!) a arte de delegar — atividades e poderes.

No primeiro ponto acima, será necessário ao empreendedor "empacotar" suas ofertas de tal modo que os prováveis futuros clientes enxerguem nelas uma solução para suas dores. Na prática, isso significa deixar as pessoas perceberem o que está sendo oferecido, fazendo-as ter interesse em saber mais sobre o produto ou serviço sem que, para isso, seja necessário um adicional de esforço artesanal, carismático ou presencial do próprio dono.

Como dito anteriormente, a fase de transição subverte a própria Bandeira do Brasil que, na minha opinião, traz o lema de maneira invertida: antes da ordem (que será essencial no estágio seguinte, como explicarei mais adiante), vem a necessidade do progresso.

O segundo ponto diz respeito às relações que se formam quando uma empresa se torna do tipo médio. Nesse momento, o empreendedor, que já dispõe de uma equipe estabelecida para lhe dar suporte em distintas frentes, deve se esmerar ao máximo em sua capacidade de delegação, ou seja, de transferir suas responsabilidades para serem realizadas por outras pessoas.

Essa prática é uma das maiores dificuldades no universo dos negócios e deve ser enfrentada até o fim, pois se um líder máximo for centralizador e não souber compartilhar atribuições, ele nunca será grande. Acredito que tal inabilidade está diretamente ligada ao sentimento de posse. O indivíduo não consegue desapegar de algo que ele crê que seja exclusivamente dele — ainda que se trate de uma responsabilidade, por exemplo — e transforma essa posse em barreira para seu desenvolvimento pessoal.

A FASE DE TRANSIÇÃO SUBVERTE A PRÓPRIA BANDEIRA DO BRASIL QUE, NA MINHA OPINIÃO, TRAZ O LEMA DE MANEIRA INVERTIDA: ANTES DA ORDEM, VEM A NECESSIDADE DO PROGRESSO.

Quando minha empresa chegou a essa fase da transição, eu também passei pelo imbróglio de me ver dominado pelo sentimento de posse. Eu sabia que precisaria evoluir nesse quesito e busquei ajuda. Foi nessa época que me interessei com profundidade pela psicologia e me abri a entender o que me mantinha refém daquele apego.

Depois, foi tudo uma questão de fazer uma simples conta de matemática com o recurso mais democrático que há na vida: o tempo. Se eu trabalhasse 12 horas por dia — e eu não aguentaria essa sobrecarga — cobrando R$ 1 mil por hora, eu me tornaria uma pessoa extremamente previsível e limitada a esse patamar. Para crescer, eu precisaria escalar. Logo, teria de saber delegar.

Ao longo dos anos, aprendi a fazer uma leitura das pessoas a quem eu teria de entregar algumas de minhas funções, aplicando critérios que eu havia conhecido nos livros de grandes pensadores e mestres. Em cada análise, eu buscava compreender o potencial daquele indivíduo e fazias apostas de acordo com minha percepção. Por vezes funcionou, outras nem tanto, porém voltar atrás não é uma opção.

Depois que entendi como empacotar a oferta da FCamara e passar a delegar com mais propriedade e segurança, deixei de ser uma pequena empresa e, enfim, virei uma empresa média. Esse progresso, todavia, não pararia tão cedo, pois o caminho até a chegada ao nível de corporação ainda levaria algum tempo.

A VIRADA DO EMPREENDEDOR

Do porte médio ao grande, o principal problema a ser superado por uma empresa é algo que já comentei bastante ao longo deste livro: a pessoalidade. O antigo cenário de um ambiente pequeno, no qual é possível conhecer todas as pessoas e chamá-las pelo nome, fica para trás. A operação, então, passa a envolver muitos colaboradores, distribuídos em diversas funções. Se da pequena para média empresa eu sou o Fábio, da média para grande, eu deixo de ser o Fabio e passo a ser reconhecido como o presidente, diretor financeiro, diretor operacional ou diretor de cultura.

A única maneira de resolver essa aparente desordem é criar uma pirâmide de delegação, isto é, uma estrutura organizacional que caracterize a função das pessoas de modo que elas possam se encontrar dentro de um princípio de administração. A estrutura organizacional, nesse sentido, é um desenho bem delineado de um formato de liderança que contempla desde a alta gestão até os escalões de base. Nessa arquitetura, cada cargo é nomeado de acordo com um modelo de responsabilidade específico.

Depois de criada essa estrutura, o empreendedor deve revisar periodicamente seu quadro de funcionários para ter clareza de quantas pessoas efetivamente trazem receitas (estão ligadas objetivamente à entrega do negócio), quantas representam custos e quantas são apenas despesas. Essas últimas costumam ser subjetivas, dispendiosas e, portanto, geralmente desnecessárias para fazer a engrenagem funcionar.

Como exemplo, podemos citar os antigos serviços de compra coletiva que fizeram muito sucesso no Brasil há alguns anos. Na prática, para rodar a operação e entregar aos clientes os cupons de desconto em determinados estabelecimentos, era necessária uma equipe bastante enxuta. No entanto, porque precisavam aparecer na mídia e obter algum destaque frente aos concorrentes, essas empresas tinham um alto investimento em marketing e, consequentemente, uma grande despesa de pessoal nessa atividade, que não gerava diretamente receita. Resultado: custos inviáveis e uma jornada curta que terminou com a extinção do modelo de negócio.

Observados todos os fatores que citei até aqui — o fim da pessoalidade e a criação de uma estrutura organizacional —, chegamos, enfim, ao momento de começar a colocar verdadeiramente ordem na casa e dar um salto ainda mais alto. Nessa etapa, surge a necessidade de implantação de uma das mais importantes ferramentas de governança de uma empresa: o estabelecimento dos fluxos operacionais. Essa é a virada de chave do empreendedor que, em sua jornada evolutiva, passa a se reconhecer — e a ser reconhecido pelo mercado — como um empresário.

Ao atingir tal nível, a empresa precisa ter os seus processos solidamente mapeados e compreendidos pelos colaboradores. Não pode haver espaço para dúvidas sobre o que cada um deve fazer e o que entregar. Se isso não ocorrer, será um claro sinal de falha na estrutura organizacional e, assim sendo, um impeditivo para o crescimento.

Se, por outro lado, a empresa está madura o suficiente, opera com um fluxo padronizado e eficiente de processos, ela adquire as condições necessárias para começar a tratar seu capital não mais como um empréstimo, mas como um investimento, tornando-se uma grande corporação.

Para melhor entendimento, basta pensar que, até um certo tamanho, a empresa precisa de empréstimos constantes para realizar movimentos de capital. Quando se transforma em uma organização de grande porte, esse cenário precisa ficar para trás, pois entra em jogo a figura dos investidores interessados no negócio. É a virada de chave para se enquadrar como uma sociedade anônima, formada por sócios estratégicos, operacionais ou capitalistas.

Nessa nova configuração, dois elementos passam a ser uma exigência: a transparência e a previsibilidade. A primeira garante aos investidores e ao mercado que essa empresa lida de maneira correta com as informações e mantém todos na mesma página em relação aos processos decisórios. A segunda assegura que tudo o que for combinado será perseguido e realizado dentro de um planejamento e um orçamento previamente definidos.

A vantagem desse modelo de gestão é que a alta liderança precisa refletir mais e se instrumentalizar com mais afinco para traçar e perseguir o melhor desempenho; a desvantagem é que se perde velocidade nas tomadas de decisão, uma vez que tudo precisa ser aprovado e filtrado por mais instâncias e entre mais interlocutores. Usando uma metáfora marítima, se uma empresa pequena é uma jangada, que pode ter sua rota modificada rapidamente para qualquer direção, uma corporação é um transatlântico: não se muda seu sentido de maneira imediata e sem um certo grau de planejamento e complexidade.

DA CASA AO CARRO TURBINADO

Para explicar a mudança de perspectiva que ocorre na transição do papel de um empreendedor para o de empresário, costumo utilizar as imagens de uma casa e um carro. Quando começamos um pequeno negócio, temos em mente que estamos construindo um lugar agradável para nós mesmos. É um ambiente de proteção e segurança, onde podemos nos desenvolver e fazer experimentações voltadas aos nossos desejos e ambições.

Quando atingimos o patamar de empresário, o primeiro passo é abandonar essa referência sólida e permanente, e pensar agora na empresa como um veículo; não um carro qualquer, mas um supercarro turbinado e preparado para que qualquer um que venha a guiá-lo se torne um campeão. Mesmo que esse piloto — ou seja, o executivo contratado — não seja um grande ás da direção, ele se empenhará para dar o seu melhor, não porque tem a mesma paixão que temos pelo nosso carro, mas porque será movido aos bônus que receberá caso suba ao pódio.

Esse é o padrão natural da humanidade, no qual a compensação regula o comportamento. Se o executivo se move pelo atingimento de suas metas, o empresário (ou fundador) está mais interessado na história da empresa — que se confunde e se entrelaça com sua própria história. Claro que ele deseja ganhar dinheiro e ter uma boa qualidade de vida, no entanto o sucesso da companhia é o legado que ele deixará para o mundo; o livro que será escrito apenas por ele e mais ninguém.

Pode parecer contraditório, mas, nessa trajetória, o empresário precisa desenvolver uma espécie de desapego do seu negócio. O que deve permanecer é seu propósito, suas ideias e aquilo que o levou a sair de uma microempresa para se tornar uma grande corporação. É o poder de realização, guiado por um desejo, que dá sentido a todo o resto.

A FCamara está há 16 anos no mercado, tendo acumulado uma coleção de bons resultados e se tornado uma sociedade anônima. Sonhamos em estar entre as pouquíssimas empresas de tecnologia do mercado nacional a abrir seu capital na bolsa. É provável que, daqui a, no máximo, quatro anos, eu me afaste da companhia, que passará a ser gerida por um presidente profissional.

Não se trata, entretanto, de desinteresse pelo que construí ou mera disposição para renunciar a tudo e ganhar mais dinheiro. Estou me preparando para, quando chegar essa nova configuração, estar pronto para outras e novas emoções. Ter esse tempo de adaptação, creio eu, será fundamental para acomodar dentro de mim as experiências que viverei, as novidades que surgirão.

Foi por isso que resolvi escrever este livro. Quando comecei a empreender, anos atrás, sem qualquer experiência ou incentivo, gostaria de ter lido sobre o que enfrentaria até chegar aonde cheguei. Certamente teria vivido com menos dores e mais aprendizado, teria economizado nas dores de cabeça e noites sem dormir. Gostaria que alguém pudesse ter me dito que a evolução empresarial depende diretamente do estilo de vida do líder máximo e de sua disponibilidade para viver todas as transições possíveis — porque, sem essa organização íntima e subjetiva, é impossível sair do lugar.

Sei que pode parecer polêmico o que vou escrever, porém acredito que a maioria dos negócios falham devido a fatores internos do líder máximo à frente deste específico negócio. Não é o mercado, a conjuntura ou a economia: companhias quebram, sobretudo, porque a alta liderança não se envolve, seja por não ter ferramentas de inteligência emocional, seja porque falta compreensão do que é necessário para transcender todas as fases de transição de uma microempresa para uma corporação. Além disso, há um desperdício de energia em torno de assuntos que não fazem sentido à empresa, caracterizando uma espécie de autossabotagem. Na minha opinião, quaisquer assuntos que não trazem algum ganho de mercado, algum ganho para o nosso cliente ou para o nosso funcionário são os típicos assuntos que não fazem sentido à empresa.

Esse tipo de líder, na maioria das vezes, não delega funções e poderes, e tampouco dá autonomia aos times, razões pelas quais não consegue erguer ao redor de si um grupo de pessoas que efetivamente o ajudem a crescer, restando-lhe se sentir sempre cansado e sobrecarregado no exercício de suas atribuições. Sua alternativa para sobreviver nesse cenário é contratar gente que não "roube" suas competências e não traga muitas habilidades específicas — o que é um grande equívoco, pois qualquer empresa deveria ter profissionais excelentes engajados com suas lideranças e prontos a defendê-los até o fim.

Atribulado e solitário, esse empresário perde, portanto, a capacidade de evoluir, caindo na armadilha de se sentir protegido em sua zona de conforto. Não é raro encontrar exemplos de gente que, depois de conseguir faturar alguns bons milhões por ano, resolve aproveitar um estilo de vida mais desapegado e solta as rédeas daquilo que conseguiu construir. A pessoa pensa: "Já trabalhei muito. Agora quero jogar tênis todos os dias, passar as tardes sem obrigações e, eventualmente, conferir os números da empresa e conversar com alguns poucos clientes para avaliar o andamento dos negócios".

É nesse estágio que, sem se dar conta, o empresário abandona o próprio barco e se esquece de se reinventar e inovar o seu negócio — falamos sobre as consequências dessa atitude no capítulo de inovação —, estacionando no tempo. Para continuar crescendo e mantendo em movimento o carro que qualquer um poderá dirigir, ele deverá retomar o controle e ter muita clareza sobre a cadeia de valor da empresa, quais as atividades principais e quais as atividades de apoio. Para as primeiras, todo o investimento e toda a atenção; para as demais, investimentos divididos e atenção idem. Esse vai ser o parâmetro para que a máquina ande sozinha em alta velocidade.

No próximo capítulo, o inconsciente da empresa será nosso foco de análise.

CAPÍTULO 19

O INCONSCIENTE DA EMPRESA

O inconsciente do empreendedor confere identidade à empresa. O inconsciente dos colaboradores dá sinergia ao projeto. Juntando essas duas premissas, posso afirmar que o primeiro e maior desafio de uma companhia está nos hábitos e nas convicções de seu líder. No fim, a mentalidade do empreendedor se transforma na cultura organizacional. O segundo maior desafio está nas relações com as pessoas que dão suporte ao negócio. O tipo e a qualidade do trato diário com a equipe materializam a dimensão do propósito da empresa e indicam para onde todos vão caminhar como grupo. As relações interpessoais devem ser objeto de revisão constante por parte do líder para que haja unidade de ação.

A maioria das pessoas ao nosso redor no ambiente corporativo não estão prontas para resolver problemas de maior complexidade. Em grande parte das situações críticas, elas tendem a avisar colegas ou superiores hierárquicos e a comentar dramaticamente os conflitos gerados. É preciso entendermos que a equipe precisa de direções e de orientações constantes sobre o que fazer e o que não fazer. Quando necessário, ela deve ser confrontada diretamente a respeito dos tipos de reação e de conduta que deve ter em cada situação. Para piorar, não é raro encontrarmos indivíduos que impactam a rotina geral com uma realidade não funcional quando estão diante de problemas, o que gera aumento de temor ao invés de redução.

As convicções do empreendedor somadas às das pessoas que formam o time constroem uma espécie de mão invisível que age sobre a organização. É ela que intenciona os comportamentos, os esforços e as motivações da equipe. Chamo essa dinâmica de inconsciente coletivo da empresa. Escolhi a palavra "mão" propositadamente, porque esse termo age na formação e na influência da coesão, da unidade e da empatia de todos os envolvidos, o que se reflete diretamente em todas as relações interpessoais de colaboradores, parceiros, clientes etc.

Cito mais uma vez o filme/livro com a história do empresário brasileiro Eike Batista. Se você assistiu ao longa-metragem antes de ler este capítulo, certamente terá uma compreensão específica dos acontecimentos relatados na obra. Por outro lado, se estiver lendo este capítulo antes de ver o filme, sua compreensão será completamente diferente.

O crescimento saudável da empresa e a obtenção de lucro para acionistas e investidores ficam em segundo plano quando os líderes estão mais interessados em disputas de poder e na conquista desmedida da fama. Neste cenário repleto de vaidades, egos inflados e desejos narcisísticos, a companhia fica doente, acompanhando as patologias de seu comandante. Inconscientemente, a organização perderá a dimensão com a realidade, se tornará uma projeção de ilusões infundadas e se desviará para caminhos longe do crescimento, da solidez e do lucro.

Diante disso, percebe-se a relevância na formação prévia da alta liderança. Os gestores moldam a construção e a formalização do inconsciente organizacional, que por sua vez influenciará diretamente no comportamento e na cultura da equipe de trabalho. Os principais líderes e tomadores de decisão vão determinar, com suas convicções, comportamentos e inspirações, os resultados visíveis e invisíveis.

Se o líder tem por hábito não dar ouvidos às ideias dos colaboradores, com o tempo ninguém irá se atrever a apresentar novas propostas. Nesse caso, o invisível se reflete no comportamento da alta direção de ignorar a contribuição da equipe. E o visível está no fato de essa empresa, com o tempo, se tornar monótona, sem engajamento e sem criatividade.

Segundo Peter Senge[68], a empresa vencedora é aquela que funciona no conceito de unidade de ação. E o líder, portanto, é o imã, a figura que une e faz funcionar a organização segundo suas crenças e princípios.

---

68 SENGE, Peter. **A quinta disciplina**: a arte e a prática da organização que aprende. Rio de Janeiro: Best Seller, 2013.

DICA DO AUTOR: A MINHA VIDA SE ORGANIZA A PARTIR DA MINHA IDENTIDADE. EU ORGANIZO A EMPRESA CONFORME O QUE EU SOU.

MUNDO INTERCONECTADO

Sei que pode parecer óbvio o que vou dizer, mas não somos (e não devemos ser) ilhas. Os mais jovens acham que se bastam, que podem mudar tudo sozinhos a partir da disposição e da coragem. Os mais velhos acham que são os únicos conhecedores da realidade, que entendem melhor do que ninguém a dinâmica do mundo. Vivemos num ecossistema onde todas as coisas se inter-relacionam. Todos os seres vivos se complementam e sobrevivem graças à interação mútua.

Experimente tirar uma peça do quebra-cabeça ou mudar a dinâmica de interação entre elas. Na certa, teremos indefinições, incertezas e muitas confusões em relação ao panorama geral. Em uma organização, acontece a mesma dinâmica sinergética. O cliente não consegue se satisfazer com o produto/serviço se não tiver quem o oferte. O líder não chegará a lugar nenhum sem a contribuição da equipe. Os funcionários não terão um emprego de longa duração se o negócio em que trabalham não for lucrativo. A empresa não irá crescer sem bons fornecedores e revendedores. Tudo está interconectado!

Uma vez compreendida essa interconexão, precisamos evitar o erro de acreditar que, como líderes ou membros de uma equipe de trabalho, nossas atitudes individuais, nossos comportamentos isolados e nossos gestos particulares não vão impactar a percepção global da nossa profissão e da nossa empresa. Tudo o que fazemos impacta, sim, na maneira como o mundo nos enxerga, tanto para o lado positivo quanto para o lado negativo.

Hoje em dia, vemos pessoas com vícios digitais. Apesar de não serem exatamente anatômicos à mão humana, os celulares se tornaram quase que uma extensão dos dedos humanos. Esses equipamentos acabam tornando pública a vida das pessoas comuns. Por meio da exposição nas redes sociais e nos programas de comunicação instantânea, todos sabem de tudo sobre todo mundo.

Não vou entrar no questionamento crítico do por quê isso acontece e de quais são os motivos que levam as pessoas a se expor tanto — esse papel é mais indicado para os psicólogos e eu sou apenas um ex-programador de computadores que se tornou empresário. Também não serei hipócrita de dizer que não me aproveito dessa audiência numerosa e atenta para promover campanhas publicitárias e ações de marketing para os meus negócios.

O ponto prático que quero apresentar aqui é: se essa exposição se tornou inevitável, como então devemos nos comportar? Já adianto, sem meias palavras: devemos agir sempre como diplomatas das nossas carreiras e das nossas empresas. Imagine sempre que a rede social é o melhor, o mais chique, o mais bem frequentado e o principal evento que você frequentará. Portanto, aja com o máximo de cuidado em todas as relações e interações, sejam elas pessoais ou profissionais.

Nunca divulgue, por exemplo, um distrato, nem brigue com alguém publicamente; todos os desencontros e desentendimentos devem ser resolvidos (ou esquecidos) em caráter privado. Quando você entra numa exposição negativa, perde automaticamente o controle do alcance e do fato em si, além de dar margens para interpretações alternativas do ocorrido. Tudo o que você publicar poderá ser visto por possíveis investidores, sócios, clientes, funcionários e, por que não, pelo amor de sua vida.

Pessoas que expõem comportamentos agressivos, vitimistas ou lamentosos são assim também na realidade — é provável que até com maior intensidade do que na vida virtual. Por isso, quando leio qualquer conteúdo dessa natureza em algum perfil de rede social, prefiro manter uma distância segura.

Desejo perto de mim somente aqueles que cultivam comigo a cumplicidade e a confidencialidade. E quero isso em todas as minhas relações, sejam elas amorosas, familiares ou profissionais. Inclusive, prefiro os cúmplices e confidentes aos fiéis: a fidelidade exalta uma certa ausência de racionalidade e tem um preço alto e um custo-benefício questionável.

Alguém que se diz fiel a você, em geral, exige exclusividade, requisita atenção exagerada e desequilibra a dinâmica da relação. Quando você tem um liderado que se mostra fidelíssimo, ele se torna o maior limitador do crescimento de seu negócio, pois atuará como um filtro nas suas relações com as outras pessoas e impedirá que profissionais mais qualificados se aproximem.

Tão pior quanto o fidelíssimo, é o insubstituível. Especialista em chantagem, ele é diplomado nas mais cruéis e perversas universidades da vida. Nossa relação com a pessoa insubstituível deve ter uma função clara: escopo de trabalho objetivo e, para o bem da nossa saúde, com prazo de vencimento estipulado. Ou seja, temos que ter certeza da razão pela qual precisamos desse profissional e, finalizado o projeto, imediatamente procurar um substituto.

Reforço que prefiro perto de mim pessoas abertas, com vontade de aprender sobre tantas coisas e com alguma especialidade que justifique fazer parte do meu time. Valorizo aquelas que questionam o *status quo*, que não são rígidas, que têm flexibilidade para mudar a forma de pensar e de agir sempre que necessário. É impossível expandir o pensamento quando a mente está ancorada em opiniões intocáveis.

REFORÇO QUE PREFIRO PERTO DE MIM PESSOAS ABERTAS, COM VONTADE DE APRENDER SOBRE TANTAS COISAS E COM ALGUMA ESPECIALIDADE QUE JUSTIFIQUE FAZER PARTE DO MEU TIME. VALORIZO AQUELAS QUE QUESTIONAM O STATUS QUO, QUE NÃO SÃO RÍGIDAS, QUE TÊM FLEXIBILIDADE PARA MUDAR A FORMA DE PENSAR E DE AGIR SEMPRE QUE NECESSÁRIO. É IMPOSSÍVEL EXPANDIR O PENSAMENTO QUANDO A MENTE ESTÁ ANCORADA EM OPINIÕES INTOCÁVEIS.

Utilizei a palavra "reforço" porque está implícito em todo este livro minha predileção pelas pessoas curiosas, abertas ao aprendizado e com o hábito do crescimento contínuo. É uma *forma mentis* voltada ao autoconhecimento e ao aprendizado por toda a vida. Por *Forma mentis* (expressão de origem italiana), ou simplesmente mentalidade, entenda-se "1. Forma: modo interno que especifica e diferencia uma coisa da outra; 2. Mentis: mensurar, faculdade de projetar. É o conjunto de valores e modos que a pessoa tem como próprios, com os quais se identifica. É a base das atitudes da pessoa frente às situações."[69]

---

69 Disponível em: https://t.ly/rQ5eO .

SABER SERVIR

Quando os indivíduos de uma organização não focam nos clientes, eles não conseguem pensar em mais nada de útil ou funcional. Então acabam divagando no vazio e permanecendo na inércia, pois quem não age, inevitavelmente regride — não existe uma outra possibilidade.

Investir em uma visão realista sobre os concorrentes também faz parte da inteligência do saber servir. É infantil medir forças, "trocar chumbo" e entrar na disputa pela contratação de profissionais dos rivais na expectativa de ter acesso aos segredos estratégicos dos outros. Exemplificando: entender o perfil dos líderes que vão implementar a sua estratégia corporativa e definir a escolha do seu público-alvo são questões muito mais relevantes do que qualquer segredo estratégico dos concorrentes. Afinal, qual a relevância de se conhecer a lista de clientes das outras companhias e os preços praticados por elas?! Somente os empresários sem grande valor intelectual consideram essas informações relevantes para o seu sucesso.

Do ponto de vista do conhecimento dos concorrentes, é fundamental sabermos quais são as características que precisamos ter como função para nos diferenciar no mercado. O que nosso concorrente faz melhor do que a gente? Qual ação de marketing dará um toque especial na interação com os clientes?

Os concorrentes maiores não representam grande perigo, pois, apesar da pressão econômica que eles exercem no mercado, boa parte deles são normalmente gerenciados por pessoas com baixa cumplicidade e mais voláteis no quesito da confidencialidade. Tipicamente, vários de seus executivos são comprometidos somente com suas carreiras e com os bônus de desempenho. Ao menor desencontro de expectativas com a organização onde atuam, eles transformam-se em frustrados comissionados.

Muitas vezes, os concorrentes mais perigosos são os menores. Esses negócios são gerenciados diretamente por fundadores e proprietários, a quem os funcionários são leais devido à relação de pessoalidade. Em geral, essas companhias têm maior facilidade para mudar os rumos, as metas e até mesmo a identidade empresarial quando necessário. Nunca dê chance para um concorrente menor do que você. Se ele tiver uma chance apenas para superá-lo, ele lutará contra você até o último segundo.

Considerar-se melhor do que um adversário por mera superioridade de vendas, de infraestrutura ou de pessoal é uma idiotice. O que realmente importa é a singularidade. O que eu faço de diferente para proporcionar resultados superiores? Nesses casos, a melhor estratégia de diferenciação é ser distinto no saber servir e na relação com o cliente. O que isso significa? Respostas melhores e mais rápidas às perguntas daqueles a quem servimos.

CONSIDERAR-SE MELHOR DO QUE UM ADVERSÁRIO POR MERA SUPERIORIDADE DE VENDAS, DE INFRAESTRUTURA OU DE PESSOAL É UMA IDIOTICE. O QUE REALMENTE IMPORTA É A SINGULARIDADE. O QUE EU FAÇO DE DIFERENTE PARA PROPORCIONAR RESULTADOS SUPERIORES?

A DOR DO CRESCIMENTO

Muito se comenta em rodas de empreendedores que a empresa se torna chata quando cresce. Ela fica burocrática, torna-se orientada somente para os números e vê a diminuição da pessoalidade com a equipe. Os próprios executivos são metade vítimas e metade culpados dessa mudança comportamental e do ambiente institucional.

Por diversas vezes, escutei nos corredores de uma famosa multinacional de tecnologia onde trabalhei nos anos 2000 as seguintes frases: "as compensações financeiras da empresa determinam o comportamento de seus executivos"; "todos perseguem metas como uma batalha pela sobrevivência na qual o alimento é o bônus anual combinado"; e "seu parceiro de assento na corporação é metade seu amigo e metade seu inimigo".

Apesar dos meus receios em relação à criação de ambientes profissionais nocivos, talvez seja mais fácil encararmos essa característica como a regra do jogo. Afinal, em meus trinta e poucos anos de profissão nesse segmento, nunca me deparei com um executivo ingênuo. Na minha posição atual, de fundador e principal acionista, aprendi que as dores que mais me incomodam no crescimento de uma companhia são: 1) a contaminação da cultura corporativa; e 2) os amigos que perdemos ao longo da jornada. As tantas outras dores que surgem naturalmente, encaro como estágio da maturidade e como parte das responsabilidades naturais ao meu papel no empreendimento.

A contaminação da cultura é como um veneno aparentemente fraco: não tem efeito imediato suficiente para provocar a morte rápida, mas com o tempo consome a vitalidade da empresa condenando-a à obsolescência precoce. Dessa forma, os aspectos mais bacanas da cultura são substituídos lentamente por metas e pela exigência de determinados valores quantitativos. O ambiente torna-se tóxico para todos que não estão nos planos de compensação — e um cenário ideal para virar um campo de guerra para os que estão.

Um dos maiores problemas das empresas orientadas pelas metas meramente numéricas — a grande maioria funciona assim — é o fato de que tudo se transforma em comparações frias. As pessoas viram medidas e índices; a ética, a moral e outros valores ditos subjetivos tornam-se menos relevantes até que um comportamento seja considerado exagerado e o autor do fato punido exemplarmente.

Lembro-me de uma gigante multinacional de TI que demitiu o diretor de vendas na festa de final de ano da empresa, que era à fantasia, porque ele usou uma vestimenta que imitava um homem de pele preta com a genitália masculina enorme para fora. O diretor tinha até bons resultados e batia as metas. O presidente da subsidiária tentou impedir a ordem de desligamento, alegando a competência do funcionário. Contudo, o comportamento exagerado na festa, que feria a ética da corporação, também era verificado no cotidiano, o que, a princípio, passava despercebido ou não era repreendido de maneira tão categórica. Muitos pares e colegas já estavam incomodados com o comportamento agressivo e preconceituoso deste diretor, mas até então nada fora feito.

Na prática, o fator crescimento não deveria ser um detrator da cultura organizacional. Enquanto fundadores forem mais influentes do que financistas, contabilistas, advogados, auditores e investidores, há esperança de continuidade dos valores e da essência empresarial. Por isso, é fundamental que a alta administração seja formada por verdadeiros líderes com foco em pessoas e princípios.

A respeito dos amigos que perdemos durante a jornada, desconheço a cura para esse mal. Na minha história como empreendedor, todas as vezes em que tive que lidar com isso foi um sofrimento. Sociedades não deveriam ter prazo de validade. Entretanto, quando a parceria entra numa zona de conforto e/ou os valores pessoais divergem dos empresariais, os sonhos começam a se distanciar e culminam em um completo desencontro entre os sócios.

É comum identificarmos, em empresas que estão crescendo de modo vertiginoso, pessoas que não se interessam em acompanhar o aumento do ritmo de trabalho e das exigências de responsabilidade que vêm em conjunto com a expansão dos negócios. Diante desse cenário conflituoso, muitos profissionais até então comprometidos e competentes acabam ficando pelo caminho e seguindo por novas estradas.

Em algumas oportunidades, os desencontros societários e profissionais são conduzidos com diplomacia até o momento do anúncio do fim da relação. A partir daí, a amizade pode azedar quando os envolvidos ficam efetivamente desligados e antigas rusgas, desconfortos e questões mal resolvidas vêm à tona.

Minhas dicas práticas para solucionar possíveis problemas deste tipo são:

1. Evite fazer reuniões apenas com o profissional ou com o sócio que irá se desligar. Envolva sempre, nesses encontros, alguém que possa ajudar na mediação e que seja imparcial. Normalmente, a presença de pessoas neutras aumenta a diplomacia da conversa e o nível da discussão;

2. Antes de propor o "acordo racional", invista em compreender o "acordo emocional";

3. Nessa fase da relação, não há mais espaço para feedbacks negativos, "ajudas" profissionais ou conselhos pessoais. Mantenha o foco exclusivamente nos problemas imediatos e, principalmente, em suas soluções;

4. Não coloque a vaidade e o orgulho na mesa de negociação. Não interessa qual dos lados é o culpado pelo problema ou quem tomou a iniciativa para solucioná-lo. O importante agora é que todos sigam em frente de maneira saudável e produtiva;

5. Descubra qual o melhor ritmo para a negociação e para o estabelecimento dos prazos do que será feito dali para frente. Considere que ir muito rápido ou muito devagar pode gerar grande desconforto na outra parte;

6. Não espere por profissionalismo da parte, pois não haverá. O tema societário quando não se conclui no "buy or sell" é infantilismo empresarial. Os sentimentos são predominantes sobre a racionalidade e a discussão é sobre como compensar o "salário emocional" da parte que irá sair da sociedade;

7. De forma alguma pense em fazer a estratégia do egoísta, aquele tipo de negócio em que só você ganha.

Para finalizar esse debate, lembre-se que o verdadeiro líder é um *businessman* do seu negócio. Ele produz progresso, utilidade, lucro e ganhos para si e para todos ao seu redor. É necessário ter a coragem de se pagar o preço de ser diferente dos demais e de ser responsável pela condução do time.

TRANSPARÊNCIA E DIVERGÊNCIA

A organização que não permite à sua equipe expressar críticas e opiniões distintas torna falsas todas as relações hierárquicas ou horizontais. A divergência é um provocador positivo, seja pelas reflexões que estimula, seja pela dificuldade natural de se lidar com o pensamento divergente.

Ambientes corporativos que não estimulam os choques de ideias entre pares e entre líderes e liderados se transformam quase em seitas. Afirmo isso porque as seitas, em geral, são inquestionáveis e dogmáticas. Nelas, seus membros devem simplesmente cumprir as ordens e os ritos pré-definidos. Do contrário, o infrator que ousou questionar o *status quo* será expulso.

Um dos meus autores preferidos, Ray Dalio, no seu livro intitulado *Princípios*[70], escreveu: "Não deixe a lealdade atrapalhar a verdade e a sinceridade". Em empresas medíocres, as pessoas são punidas por levantar divergências. Nas corporações em que o debate é estimulado, verificam-se dois comportamentos benéficos: o senso de propriedade do time é mais sólido; e a cultura promove um comprometimento maior com as normas e os valores estabelecidos.

Quando o ambiente empresarial está aberto à diversidade, as pessoas defendem com mais afinco suas próprias ideias. Como consequência, aumenta-se o engajamento e a cultura fica mais forte, por mais que pareça, a princípio, que irá acontecer exatamente o inverso. Quanto mais aberto estiver o time de trabalho para a divergência e para o debate de propostas distintas, mais a equipe estará empoderada e madura para se chegar à convergência.

---

70 DALIO, Ray. **Princípios**. Rio de Janeiro: Intrínseca, 2018.

O melhor feedback que a organização dá para todos que a ela confiam seus trabalhos é a transparência. Quanto mais radical for a transparência em determinado negócio, maior será a relação de adulto entre os envolvidos (lembra do capítulo em que eu explico que adulto é aquele que é responsável por todas as suas escolhas?). Em outras palavras, a empresa nos revela para onde está seguindo e onde está apostando o futuro, mas somos nós como equipe que validamos o caminho. Somente com a sinergia de valores e com a união de propostas é que conseguiremos seguir juntos na trilha definida.

Na via de retorno, a organização espera que as pessoas tenham coragem de divergir. Se há transparência e a cultura patrocina o debate do diferente para depois alcançar a convergência, verificamos verdadeiramente a meritocracia de ideias. Desse modo, tanto os mais experientes quanto os novatos possuem as mesmas chances de terem suas propostas consideradas.

É fundamental, porém, ter responsabilidade. Divergir por divergir não adianta. Aí vira mentirinha, encenação improdutiva. A divergência não funciona quando é motivada por quaisquer considerações que não sejam a procura da verdade ou das melhores soluções. Quando é autêntica, estimula o pensamento, esclarece e fortifica.

Para ser divergente é imprescindível ser sincero. Os divergentes autênticos são honestos em externalizar para a companhia aquilo que é verdade dentro deles. Todos dão feedbacks para todos, inclusive para a cultura da empresa. Mas se essa cultura é intocável, inquestionável, então não estamos numa corporação, mas numa seita. E isso é um grande entrave ao crescimento — pessoal e profissional.

DICA DO AUTOR: QUEM NÃO ACEITA UM FEEDBACK É PORQUE NÃO TEM INTELIGÊNCIA EMOCIONAL PARA CONFRONTAR A MENTIRA DE SI MESMO DIANTE DO ESPELHO.

PALAVRAS FINAIS

Fazendo uma breve varredura no banco de dados da minha memória craniana, afirmo, sem medo de errar, que as pessoas mais marcantes em minha experiência até aqui são os sonhadores e os inconformados. Sempre que estou diante de alguém com esse perfil — talvez porque eu também seja assim —, eu sei que não sairei daquele momento indiferente.

Por isso, um mentor não é somente um técnico, não é somente um que realizou, mas para mim é o indivíduo que quer marcar a história, não deixará a vida em branco.

Eu busquei, da primeira à última página, escrever — ainda que, muitas vezes, por entrelinhas — da necessidade de sermos verdadeiramente autênticos e nos autorizarmos a chegar aonde desejamos sem nos limitar pelas fronteiras alheias. Talvez esta seja minha maneira pessoal de explicar a importância do autoconhecimento antes de todas as outras coisas.

Acredito que, para construírem uma trajetória que lhes dê realização, empreendedores, empresários, executivos e líderes devem ter (e ampliar) uma liberdade genuína para pensar, para criar, para tomar decisões, para construir e reconstruir sua própria história. Liberdade para aceitar riscos, recalcular rotas ou até desistir. Esta liberdade só se conquista quando somos capazes de fundamentar o propósito, o porquê de cada singela coisa na cultura corporativa da companhia.

Trata-se de explicar com lógica racional, com sentido utilitarista funcional, o motivo de existir qualquer procedimento, qualquer método e até comportamentos. É saber a razão por que atuamos melhor num determinado tipo de cliente e temos desempenho inferior em outro tipo.

O autoconhecimento, algo de que tanto falamos ao longo dos capítulos, é um instrumento essencial nessa jornada. Seja quem está sofrendo, quem está enfrentando dificuldades, quem chegou em um estágio de estagnação no próprio negócio, quem está dando os primeiros passos em sua jornada empreendedora ou quem está fazendo seus negócios crescerem: não importa qual seja seu momento atual de vida, aqui fica o meu convite a você para se apropriar da sua verdade e transformá-la em algo tangível que faça sentido à sua realização pessoal e profissional.

Foi isso o que aprendi com todos os mentores que passaram pela minha trajetória em diferentes fases da minha carreira. Cada um me deixou algum ensinamento, uma inquietação e uma sede de continuar indo muito além daquilo que vejo. E cada um foi um pilar essencial para que eu vivesse a minha própria transição de um profissional de tecnologia para um empreendedor, depois para um empresário e atualmente me preparando para me tornar o executivo responsável por gerir uma empresa que se tornou muito maior do que eu imaginava.

Outro ponto importante: capítulo a capítulo, trouxe minhas experiências e filosofia de gestão para destacar para você o valor que eu atribuo à necessidade de, acima de qualquer coisa, considerarmos as pessoas e buscarmos entender o comportamento potencial de cada indivíduo.

Uma empresa é feita de gente real, com seus dramas, vivências, sonhos e medos. Sem compreender essa premissa — a mais básica de todas — ninguém consegue construir um negócio forte, tornar-se um líder respeitado e apto para alçar grandes projetos. As pessoas acreditam no líder antes de acreditar na ideia.

Se eu tiver conseguido, minimamente, deixar alguma lição para o meu leitor mentorado imaginário, terei considerado a obra como uma missão cumprida. É um prazer inenarrável sentir-se útil para alguém, é a plenitude do saber servir, é me sentir função de progresso para alguém que talvez eu não conheça e nunca terei a oportunidade de conhecer.

Quero finalizar com uma frase muito significativa, pelo menos para mim, do meu maior mentor na minha trajetória, Antonio Meneghetti: "Naturalmente não somos todos gênios, todavia, para cada um de nós, a natureza sempre demonstra o sucesso nas próprias proporções."[71]

#EUACREDITO

---

71 MENEGHETTI, Antonio. **A riqueza como a arte de ser**. Restinga Sêca (RS): Ontopsicológica Editora, 2016.